U0523911

Pei Haizi Yiqi Kuaile Chengzhang
fumu yu laoshi de goutong zhidao

陪孩子一起快乐成长
——父母与老师的沟通之道

何贤桂 著

商务印书馆
创于1897 The Commercial Press
2011年·北京

图书在版编目(CIP)数据

陪孩子一起快乐成长:父母与老师的沟通之道/
何贤桂著.—北京:商务印书馆,2011
ISBN 978-7-100-07688-3

Ⅰ.①陪⋯ Ⅱ.①何⋯ Ⅲ.①家庭教育 Ⅳ.
①G78

中国版本图书馆 CIP 数据核字(2011)第 028783 号

**所有权利保留。
未经许可,不得以任何方式使用。**

陪孩子一起快乐成长
——父母与老师的沟通之道
何贤桂 著

商 务 印 书 馆 出 版
(北京王府井大街36号 邮政编码100710)
商 务 印 书 馆 发 行
广 西 民 族 印 刷 有 限 公 司
ISBN 978 - 7 - 100 - 07688 - 3

2011年7月第1版	开本 787×1092	1/16
2011年12月广西第二次印刷	印张 13 1/2	

定价:24.80元

序

我们需要为孩子做哪些改变

小巫

我的两个孩子不在公立学校上学，我对公立学校的老师到底是怎么一回事没有任何感性认识。从其他家长那里道听途说了很多传言，负面信息远远多于正面，比如所有的家长都要给老师送礼，比如老师经常呵斥惩罚孩子，比如老师会向家长告状、给家长施加压力，等等，再加上众所周知公立学校课业繁重、竞争激烈，孩子们都苦不堪言，所以我对公立学校及其老师一向敬而远之。

何贤桂老师写了这么一本书，引起我的好奇心。在大家印象中，老师和家长之间总是存在很多偏见、误解乃至芥蒂，互相有很多不满，怎样架起双方之间的沟通桥梁，倒还真很少有人谈及这个领域的话题。

读完何老师的书，第一个感叹是——何老师真不愧是多年实践锤炼出来的专业人士，百炼成钢了！透过文字，我们能够深切地感受到他的爱心、耐心、细腻、体贴，书写得可以说是细致入微，甚至可以说有些婆婆妈妈，通过生动有趣的实例故事，将家长与老师沟通的必要性、沟通的内容和手法以及如何养育孩子等方面的内容都写得无微不至，并且叮咛、嘱咐、强调，掰开了揉碎了，讲完故事作分析，分析之后再列出贴心提示，堪比"大全"、"手册"，但这恰好是读者需要的婆婆妈妈。这本书虽然是讲家长与老师的沟通，但涉及的范围却不仅仅是成年人之间的事，它更多地谈到成年人与孩子之间的关系。

曾经有家长这样评价我——"小巫就像是孩子们的辩护律师，永远站在孩子的立场上考虑问题。"读何老师的书，我也有这样的感觉，何老师也像是孩子们的辩护律师一样，一切以孩子的健康发展为出发点，从孩子的角度来诠释他们的内心和表现，呼吁老师和家长共同尊重孩子、理解孩子、关爱孩子，以此为基础，来进行有效的沟通。

家长和老师沟通，目的是为了孩子更加健康快乐地成长，这样看来，成年人之间是同盟，是协作关系，既不是互相推诿，也不是互相别扭。何老师在书中有这样一个观点：**教育不是一个人苦撑**。比如，家长可以在老师面前倾诉教育孩子的苦恼，与老师分享教育孩子的快乐，与老师聊聊生活压力，与老师谈谈自己的教育方式和对孩子的期望，甚至在老师面前哭泣不是弱者的表现。俗话说："众人拾柴火焰高。"一个人的教育力量毕竟有限，需要大家一起努力。任何一个孩子的健康成长，都不是一个人苦撑起来的，而是整个家庭和学校共同努力的结果。

我想，任何真正珍惜儿童生命的成年人，都会不由自主地把自己放在孩子的辩护律师这个位置上来思考和行动。这其实提高了对老师和家长双方的要求，要求他们真正理解孩子的需求，才能在沟通中不仅言之有物，而且态度友好。何老师指出，**有些家长见到老师不知道说些什么好，或者仅仅将注意力放在孩子的学习上，除了学习之外不知道还能跟老师讨论些什么**。这大概是家长和老师沟通时最常见的通病。我自己孩子的学校中就有不少这样的家长，每到教师家长见面会时，事无巨细地追究孩子的学习。闹得每次新老师见了我也以为我是同类家长，干脆主动向我详细汇报孩子的学习情况，我则打断他们，告诉他们学习是我最不关注的事情，我们聊别的。

见到老师只谈学习，典型地体现了家长并不了解孩子的成长规律，也并不理解孩子诸多方面的需求，只是片面地将老师当作教书机器，将孩子当作考试机器。讨论孩子的学习，无非是按照家长自制的使用说明书，检查这两台机器的零件是不是还没生锈呢。

遗憾的是，老师和孩子都不是机器，家长的自制说明书也查不出其运作是否良好，更无法控制他们的心理活动和行为表现。何老师提出的新颖观点之一就是谆谆嘱咐家长，要与老师交流孩子的脾气秉性、兴趣爱好、生活习性、社交特点和情绪变化，也要及时沟通孩子的家庭环境。何老师认为家长和老师沟通时，"少谈孩子学习问题"，"认识孩子是为了更好地沟通"，教育者对孩子的各方面情况掌握得越细致，也越能够理解孩子，越能够做到因材施教。当孩子出现意料之外的问题时，老师也能做到临阵不慌，积极应对。我想，如果多一些像何老师这样细心的人，那孩子的成长将会更加健康和快乐。

孩子在学业方面的表现，实际上是其家庭氛围及养育方式的副产品。如果孩子在学业方面出现困难，其根本原因往往不在于孩子本身，因此解决方案也往往不是加强他的学习，而是需要身边成年人改变对他的态度。很多时候，孩子学业方面的障碍，或者行为方面的问题，并非老师没教好、没管好，而是老师和家长都不够了解这个孩子，不知道最适合这个孩子的学习方式以及沟通渠道是什么。孩子则被夹在老师和家长中间，觉得谁都不理解他，既满足不了家长的期望，也满足不了老师的要求，但每个人的矛头还都指向他。可想而知，如果再将工夫下在孩子身上，孩子的心理负担该有多沉重！因此，何老师这样总结说："我想，每一个清醒的家长都应该认真反思一下自己和老师的沟通经历，多从问题的源头思考，尽量少谈孩子的学习问题。"

孩子的改变永远源自身边环境的改变，尤其是成年人态度和方式的改变。所以，家长和老师在寻找解决方案的时候，所思考的问题不应该是"咱要求孩子做些什么"，而是我需要做些什么改变。如果你得出这个结论，就没有辜负何老师的一片苦心。

亲爱的读者朋友，我相信你也会跟我一样，从这本书里汲取到很多宝贵的思想和方法。虽然好像是写给家长看的，但所有关心孩子教育的成年人，都应该看一看这本书。如果你是一名学龄期孩子的家长，想了解孩子成长的秘密，想快快乐乐地和老师沟通，那我推荐你一定要看一看这本《陪孩子一起快乐成长》；如果你是老师，想了解家长和孩子的心理，那这本《陪孩子一起快乐成长》对你的工作会大有裨益。

作者简介：

小巫，毕业于北京大学，美国 Rutgers 大学教育学硕士，著名家庭教育专家，在《父母世界》杂志和《心理月刊》网站主持育儿专栏，著有《接纳孩子》、《让孩子做主》等畅销书。

怎样阅读和使用本书

这是一本带有大众色彩的书，书中的表述材料基本上都是父母们的真实经历，希望抛砖引玉能引起大家的共鸣。

我翻阅过许多此类书籍，曾经想尝试一种新的写法，使此书既有工具书的实用性，又不乏精彩的故事情节。我想通过材料来说明，家长和老师该如何恰到好处地沟通和交流，以达到合作的目的。所以，我在书中引用了不少真实材料，通过讲故事这种通俗易懂的方式使读者了解其中的沟通技巧。

怎样阅读这本书效果才最好呢？我建议大家以查阅或挑选的方式阅读此书，先浏览一遍目录，有个大致的了解，然后挑选你最喜爱或者最想知道的篇目阅读。别急着从头到尾一口气阅读完，因为这不是小说，你或许会觉得情节没有像小说那样跌宕起伏。所以，大家最好像对待工具书那样来阅读此书。

在书中，我就孩子成长中可能遇到的问题进行了细致的描述，试图通过这些个案告诉读者如何正确与老师沟通，最终让孩子受益。表面上看，这些个案分析都单独成篇，但本质上是有内在的联系，即观点和方法的内在统一性，最终告诉读者如何就具体问题进行沟通与分析。因此您读完这本书，就能清晰地掌握沟通的理念和方法。

在阅读过程中，大家会发现书中绝大部分使用"老师"这一称呼，而较少使用"教师"一语，因为"教师"不及"老师"来得亲切，更能拉近彼此的感情。

由于篇幅的关系，书中所提的某些观点并没有深入探讨，我希望大家在阅读的过程中，能够结合生活中所遇到的问题去思考和讨论，找到满意的答案。如果您已为人父母，可以借这本书熟悉一下和老师沟通的方法，将书中所提及的沟通理念和技巧罗列整理出来，以供日后参考。如果您是教育工作者，那您同样可以从此书中获取一些教育理念和沟通技巧。

为了让大家获取更多的教育信息，每个篇目的最后都放上"贴心提示"，目的是扩展大家的教育视野。父母们与老师沟通，其实不是为了炫耀口才，而是为了孩子能快乐健康地成长。所以，"贴心提示"除了一些内容涉及沟通技巧外，还有一些内容则涉及家庭教育的思想或方法。

另外，这是一本有关教育心得的书，我尽量将自己的感悟表达出来，正如古人写作注重"悟",从一件件小事情中"悟"出大道理。

这本书中的某些"大道理"或"沟通技巧"都已经在实际生活中应用过,并且收效良好。刚开始的时候,我只是建议身边的父母们参考书中相关的资料,结果他们使用后,发觉很有效。于是,我就把这些东西整理成"大道理"或"沟通技巧",与大家分享。

请大家慢慢阅读这本书,权当枕边读物。在闲暇的时候,您可以顺手翻翻。当遇到困惑的时候,您可以当作工具书查一查,作为一种参照。我真心希望这些沟通方法能够在我们的家庭教育中起到一定的作用,能够让千千万万的读者有所启发,这是我极大的荣幸。

假如读者朋友们读完这本书后,有疑问和不同看法,或有什么问题需要咨询,欢迎发邮件至 zhjiangren@sohu.com,或直接登录我的博客(*http://blog.sina.com.cn/hexiangui*),我愿意和全天下父母共同交流和学习,愿全天下的孩子们都能快乐健康地成长。

目　录

第一章　做一个智慧的现代家长

爱尔维修说："即使是普通孩子，只要教育得法，也会成为不平凡的人。"做一个智慧的家长，学会沟通，把世界上最朴实最美丽的教育理念传达给孩子。父母与老师之间的沟通不为别的，只为孩子的快乐幸福成长，成就孩子的美好未来。

原来教育可以这样美丽 / 2

"懒妈妈"成就好孩子 / 7

教养是孩子一生的财富 / 12

每个善意提醒都值得尊重 / 17

平等使交流更温馨 / 21

教育不是一个人苦撑 / 26

小测试：你属于哪种类型的家长 / 30

第二章　都是老师的错吗

人非圣贤，孰能无过，每个人都有犯错的时候。戴尔·卡耐基说："如果你是对的，就要试着温和地、技巧地让对方同意你；如果你错了，就要迅速而热忱地承认。这要比为自己争辩要有效、有趣得多。"诚然，沟通双方都有犯错的时候，假如父母发现老师犯错了，那就请您大声说出您的意见，投诉或批评老师都是现代家长的职责。

怎能这样教孩子说谎 / 34

令人哭笑不得的标准答案 / 39

巧妙应对老师的不情之请 / 44

当你难以接受老师的价值观 / 48

教师节写给老师的投诉信 / 54

谁错怪了老师 / 59

家长能否当面批评老师 / 63

第三章　每个孩子都是天使

孩子代表着希望，每个孩子都像精灵一样活泼，像天使一样美丽。马卡连柯说："培养人，就是培养他对前途的希望。"时刻关注孩子的成长问题，让孩子按照自然规律成长，不失为一种很好的教育方法。

你真正了解孩子吗 / 70

一位单亲母亲的来信 / 76

吾家有孩初长成 / 80

培养孩子的性别意识 / 84

学习优秀哪有这么难 / 88

如何才不会伤害孩子 / 91

第四章　怎么说，沟通才愉快

梁实秋说："谈话，和作文一样，有主题，有腹稿，有层次，有头尾，不可语无伦次。"父母在与老师沟通时，同样需要对话的技巧。掌握好了，可以让你的沟通有质的飞跃，真正收到实效。

揭下老师那神秘的面纱 / 96

"加油，老师！" / 101

别让情绪成为你的主宰 / 105

停止争论，学会倾听 / 109

别向孩子隐瞒沟通内容 / 112

细节决定成败 / 115

小测试：你的孩子是好孩子吗 / 118

第五章　遇到棘手的问题，如何向老师倾诉

　　教育是永恒的话题，教育孩子如同园丁培育鲜花，需要精心浇灌、施肥和呵护。在这过程中，每个家长都可能遇到非常棘手的教育难题，这就需要父母向老师或他人请教，学习教育孩子的经验和艺术。

让孩子不再为角色忧伤 / 120

"老师说……" / 125

谁夺走了孩子手中的扫把 / 129

孩子被欺负 / 135

孩子在家里和学校判若两人 / 140

孩子老抄作业 / 145

第六章　如何鼓励老师与我们合作

　　苏霍姆林斯基说："要教育好孩子，就要不断提高教育技巧。要提高教育技巧，那么就需要家长付出个人的努力，不断进修自己。"孩子上学后，教育孩子不全是老师的责任，父母同样有责任。只有父母加大教育参与度，与老师亲密合作，才有可能给孩子好的教育。

家长能为老师做些什么 / 150

家访可以这样轻松有效 / 153

如何巧用家长会 / 157

快乐组建家长联合会 / 160

别让老师的关照成为溺爱 / 164

一定要给老师送礼吗 / 168

第七章　他山之石，可以攻玉

　　蔡元培认为，教育需要宽容，需要"兼容并包"。每个国家或地区都有独特的教育思想，都有可取之处。教育者只有怀着一颗年轻的心，善于发现和吸收世界上先进的教育思想，才能使我们的教育日新月异。

中西教育合璧的典范 / 174

每个家长都是上帝 / 179

把孩子培养成绅士 / 183

芬兰教育奇迹的密码 / 187

像犹太人那样培养天才 / 191

给孩子完整的成长 / 195

小测试：你会和老师快乐沟通吗 / 200

后记　好沟通从尊重孩子开始 / 201

爱尔维修说:"即使是普通孩子,只要教育得法,也会成为不平凡的人。"做一个智慧的家长,学会沟通,把世界上最朴实最美丽的教育理念传达给孩子。父母与老师之间的沟通不为别的,只为孩子的快乐幸福成长,成就孩子的美好未来。

第一章
做一个智慧的现代家长

原来教育可以这样美丽

"懒妈妈"成就好孩子

教养是孩子一生的财富

每个善意提醒都值得尊重

平等使交流更温馨

教育不是一个人苦撑

小测试:你属于哪种类型的家长

原来教育可以这样美丽

几年前,我给初一的学生上课,看到他们堆积如山的课本和作业,心里有说不出的难受。于是,我灵机一动给他们布置了一篇作文,题目叫作《我心目中的学校》。等到我把作文全收上来的时候,学生们舒了一口气,在教室里狂欢起来,大声说着:"我希望学校不再有考试!"那天晚上,我仔细阅读着这些孩子的作文,为他们的心里话深深感动。

> 我心目中的学校有胡萝卜似的房子,下面还有许多绿叶子,看起来真让人嘴馋……每个学生都非常喜欢在那里学习,因为在这个学校读书既轻松又愉快,而且不用考试。
>
> ……
>
> 我心目中的学校没有仇恨,没有烦恼,没有痛苦,只有快乐和幸福。我们在那里学到了知识,学到了做人的道理。
>
> ……
>
> 我心目中的学校要有一个宽大的图书馆兼有阅览室,同学们可以随时到那里阅读或借书……我还希望老师组织学生们交笔友,因为交笔友可以增强同学们的书面表达能力,最重要的是增进友谊,用笔和纸架起一座友谊之桥。
>
> ……
>
> 我心目中的老师是慈祥可亲的,像一个朋友,带着甜蜜的笑容给我们讲课。课余时,老师和我们一起谈谈自己的趣事,增进我们与老师之间的感情,使我们不再对老师产生恐惧和害怕。
>
> ……

这些学生说的都是真话,他们对考试和老师产生了无限恐惧。在很多学生看来,老师像监工一样禁锢他们的生活,学校不再是自由的天地,而是折磨人的"监狱"。不知从何时开始,我们的教育逐渐偏离了"人"的轨道,素质教育变成了"数字教育",多少人在应试教育的铁蹄下备受摧残,潸然泪下。每年,总有几个学子从高楼上一跃而下,成为应试教育的殉葬者。

正当我对教育产生许多悲观情绪的时候,我听到了一些振奋人心的教育故事——原来教育可以这样美丽。

清明前夕，侄子跟我说起春游的经历。他刚上小学一年级，第一次赶上春游。他这样对我说：

我6点多就起床了，然后去学校教室，和老师一起去爬山。我带了妈妈买的饮料和零食，一路上走着出发。我流了很多汗，脸上都是汗水。山上有很多花，还有树。有的同学跑得很快，爬上山去摘花。我们下午就回来了，很开心。

其实，听小孩子讲故事也是一种享受，况且他说的是关于自己的开心事。可以想象，这群孩子跟着老师去爬山，快乐得像一只只小鸟，舒展的不仅仅是身体的自由，更是心灵的自由。

听完他的故事，我想起另一件事情。有一年春天，有个朋友跟我聊起孩子春游的事情，他一肚子怨气："现在的老师搞什么春游，还要我们家长忙这忙那！"

"为什么呢？"我连忙问他。

他补充说："孩子要去春游，老师连声招呼都不打，又没有征得我们家长的同意，你说老师霸道不？孩子还小，不应该去水库边玩耍，不安全。如果孩子出了问题，这责任谁担当得起呢？再说，一次春游能让孩子收获什么？我看还会荒废了孩子的学习。"

朋友说的话也有一定道理，但过于片面，或许是家长和老师事先没有沟通协商的结果。

我们先说家长和老师的沟通问题。老师带孩子出去春游，的确是大事，每个家长都应该有知情权，包括了解春游的时间、地点、路程、出游方式、参加人员、安全系数等。老师组织孩子春游之前，应该向上级教育部门提出申请，并征求家长的意见，不可擅自行动。所以，在孩子春游之前，家长应该和老师有充分的沟通，商讨诸多可能出现的问题。

我曾听说有关孩子在春游时发生安全事故的新闻，最后闹得沸沸扬扬，有些带队老师还被家长质问，甚至被家长殴打成疾。这些鲜活的例子在告诫我们：凡是遇到重要事情，比如春游，每个家长都应该义不容辞地站出来和老师沟通，因为这都是为了孩子好。

至于春游会不会影响孩子的学习，甚至滋长懒惰心理，荒废学习呢？我想，春游作为一种课外活动，能开阔孩子的视野，能锻炼孩子的意志，能放

谁有知识就拜谁为师：你从丛林中得到的东西比你从书上得到的要多。树木和岩石能教给你从老师那儿学不到的东西。 ——圣贝尔纳

松孩子紧张的心理，最终促进学习进步和身心健康。

有一个朋友是小学老师，她常常感叹现在的孩子写不出优秀的作文。于是，在某一个春天的上午，她毅然向学校提出申请，带班级的孩子去学校附近的田野春游。这些平时忙于书本学习的孩子，第一次真正领略到了大自然的美妙。回来之后，她给孩子们布置了一篇作文，要求每个孩子写一篇关于春天田野的作文。谁知道，孩子们异口同声地说："老师，没问题！"

第二天上午，每个孩子都把作文交上了。她惊讶地发现，孩子们的作文不再空洞，而是充满了灵气，像是为大自然画了一幅幅美丽的画卷。更让她感到意外的是，还有几个家长打电话给她，说孩子在家里滔滔不绝地讲述春游的事情，说孩子一口气写完了作文。

其实，真正的教育不是在教室，而是在窗外；真正的教育不是灌输，而重在启发。不管是老师还是家长，都应该为孩子减负，给孩子适当的窗外世界，让每一个孩子都能从窗外学到书本所没有的知识，春游何尝不是一种很好的学习方式呢？

我想，教育应该是世界上最美丽的东西。**"教育"一词由"教"和"育"组成，在老师的全身心教授下，浸润心灵，陶冶情操，唤醒沉睡的良知，即便一个野蛮如牛的人都能蜕变成光彩照人、温文尔雅的文明人。**

如此美丽如玉的教育，感动的是心灵。人在接受教育的时候，便开始真善美的享受，便开始心灵的熏陶，也便开始了搭上想象的翅膀，飞向遥远的彼岸。

好的教育不是折磨人，而是教人如何认识自我，认识世界，认识宇宙，浸染文明道德，享受人生的各种滋味。如果有人将教育变成折磨人的工具，那会令人感到荒谬和窒息。如果教育是以牺牲人的自由、尊严、权利、身心健康为代价，那只会徒增受教育者的痛苦和绝望。

教育不是挖苦人，不是贬低人，更不是摧毁人的自信心。科学家布鲁诺说："一味地挖苦、贬低，会导致孩子的反抗，反对父母，反对学校，或者反对整个世界。"好的教育应当促进孩子心智的发展，对未来世界充满期待。

苏联教育家苏霍姆林斯基说："我一千次地确信，没有一条富有诗意的感情和美的清泉，就不可能有学生的全面智力的发展。"

教育应当给孩子留下美丽的背影，而不是恐怖的梦魇。如果我们的教育是建立在敌视和残忍的基础上，留给孩子的将是永恒的伤痛。时间在无声无息地流淌，但洗刷不了教育带给人的伤害。

社会上有句流行语，叫"别让孩子输在起跑线上"。因为这句话，很多家长牢牢地抓紧了孩子，纷纷给孩子增加学习压力。有家长说，孩子要想学习优秀肯定得付出努力，比如牺牲平时的休息和娱乐时间等。可我想说的是，我们千万别让孩子的幸福快乐输在起跑线上。

教育应该带给孩子无限的快乐。学习成绩只是一时的，幸福快乐则是孩子一辈子的事情。就算学习输在了起跑线上，将来还可以补救，但孩子的幸福快乐失去了，不管将来怎样拼命寻找，都难以真正找到。

杨澜不觉得孩子做"神童"有什么好，也不要求孩子一定要在某些方面有特殊成绩，她只希望孩子做一个快乐的人，同时能给周围的人带去快乐。这也是教育的真谛所在。

若因创造"神童"而泯灭孩子的天性，让孩子对幸福快乐麻木不仁，这是教育的悲剧。社会上有一种教育叫"狼性教育"，我对这样的教育并不看好，总觉得这样的教育虽能造就一个父母眼中的"天才"，但孩子失去的又是什么呢？

如果孩子的幸福快乐是建立在学习成绩和别人的认可上，那只是一种被刺激和被逼迫的交换式的幸福快乐。这样的幸福快乐并不能持久，因为它需要借助外力的作用。

其实，孩子的学习和幸福快乐并不对立。学习不是孩子成长中的绊脚石，而是孩子成长中的幸福快乐源泉。

我想，**美丽的教育是一种素质教育，从孩子的身心发展出发，重在塑造健全人格，挖掘潜力，培育健康的体魄，养成现代公民的素质。**这并不是天方夜谭，不是遥不可及的空想，而是确实可以实现的教育理想。

著名教育家陶行知说："要改造学校的教育，使教育与生活密切联系起来，使每一个学生都能享受文化的精华……使小孩接受教育的时候，有求学之乐趣，而无不必要之恐怖与烦恼。"

为了孩子能轻松学习，家长和老师应该联合成统一战线，为孩子创造更多的自由空间。比如我国古代有"游学"的传统，古人倡导"读万卷书，行万里路"，游学不仅能够开阔眼界，而且能锻炼体魄、丰富人生阅历，对学

一个只会在大人身边扮演附庸角色的孩子，不可能在社会环境中独立生存，大人们不顾孩子权益的做法破坏了一个社会的整体性。——蒙台梭利

生非常有益。比如，春天的时候，老师可以组织学生春游，可以是近距离游览，也可以是远距离观光。夏天的时候，老师可以和学生一起游泳，和学生一起观赏傍晚的落日。秋天的时候，老师可以带学生到乡村收割稻谷，过一种恬静的乡村生活。冬天的时候，老师可以带学生一起玩雪，你追我赶地嬉戏。学生可以到工厂、街道、乡村、商场等地了解情况，写成调查报告。

家长和老师的沟通不为别的，而是为了发现问题，寻求解决问题的最佳方案，帮助孩子快乐成长。如果我们真能实现这些设想，那我们可以自豪地说："原来教育并不沉重，它如诗歌一般美丽诱人。"

贴心提示：请回归教育常识

我们在教育方面犯了错误，是因为我们没有真正领悟教育的本质，没有回归到教育常识。

◆ 德国哲学家雅斯贝尔斯说："教育是人的灵魂的教育，而非理智知识和认识的堆积。教育的本质意味着：一棵树摇动另一棵树，一朵云推动另一朵云，一个灵魂唤醒另一个灵魂。"

◆ 著名教育专家李希贵说："教育的本质是解放人——包括人的智力和心灵、思维和情感，而不是束缚人、压抑人、限制人。"

◆ 教育家陶行知说："教育是什么？教人变！教人变好的是好教育。教人变坏的是坏教育。活教育教人变活。死教育教人变死。不教人变、教人不变的不是教育。"

◆ 爱因斯坦说："学校的目标应当是培养有独立行动和独立思考的个人，不过他们要把为社会服务看作是自己人生的最高目标。"

◆ 苏联教育家苏霍姆林斯基说："没有爱，就没有教育。"

"懒妈妈"成就好孩子

有一次,两个家长站在学校门口聊天。其中一个家长愁眉苦脸,有道不完的苦水,而另一个家长则非常自信,充满活力。她俩的谈话大致如下。

家长甲:真羡慕你,孩子那么听话,用不着大人操心。

家长乙:说实话,我们从来没管过孩子,任他自由发展。孩子放学后,自己坐在房间里写作业、背书、看课外书,很少看电视。几年下来,我们基本上不和老师联系,但孩子照样很好。老师都说他很乖,的确让我们省心许多。

家长甲:你说这是怎么回事呀?我们家孩子天天在学校惹是生非,学习成绩又差,老师常常向我告状。我都没脸到学校接送孩子了。

家长乙:真是辛苦你了。

……

像这样的事例还有一些,或许读者朋友也遇到过这样的情况。有些孩子懂事,家长很少找老师沟通;有些孩子经常惹是生非,家长跟在屁股后跑。其实,并非所有的沟通都能解决教育问题。

两年前,我认识一个朋友,她的女儿刚上初一。一家人为了女儿的学习,煞费苦心。她的女儿性格外向,形象很阳光,有点儿男孩子气,能说会道,有时连大人都说不过她。但是,这个孩子最大的缺点就是学习不认真,有偏科现象,不喜欢科学课。她的偏科是因为她坐在教室后面,总有同学在上课的时候找她聊天,结果连累她经常被科学老师点名批评,她心里很不舒服。

久而久之,孩子对科学这门功课失去了兴趣。有一次,她来找我,跟我聊起她在学校发生的事情,很不解地问:"凭什么老师总要说我不好,又不是我要讲话,后面真的很吵。"

我知道她很委屈,有一种被老师错怪后的委屈和不服气的情绪。可是后来,她对其他功课也失去了学习的兴趣,对老师颇有微词。她的成绩越来越差,成了班级最后几名。

朋友知道后,想找老师交流情况。有一天上午,她鼓起勇气,硬着头皮去找孩子的班主任,她认为这是一次冒险。果然,朋友一到学校,老师对她

的孩子很有意见，还说到她的孩子影响老师上课。朋友回到家后，耐心地向孩子说起自己去找过老师的事情，并希望孩子以后能听老师的教导，不辜负父母的期望。

刚开始几天，孩子变得认真起来，很自觉地听老师上课。可没过多久，她又变得烦躁起来，总感觉父母在监视她上课。

为了探个究竟，我去了一次朋友家。原来，朋友跟老师沟通之后，知道孩子有了进步，便更加勤快地联系老师，有空就打电话找老师了解孩子的情况，有时还亲自跑到学校找老师。孩子一放学回家，朋友常常这样对孩子说："我今天找过老师了，老师说你上课比较认真，作业有进步啊。""听老师说，你上课又在做小动作了。"……

孩子听后特别反感，她不喜欢她妈妈那样时不时地找老师了解情况。她感到自己毫无个人空间，像被人跟踪监视一样。

我只想说，孩子是无辜的。我知道朋友的性格，她对每一件事情都很较真。我知道她那样频繁地找老师沟通是为了提高孩子的学习，可她的勤快并没有收到很好的效果。相反，她的勤快使孩子反感，这或许是她始料未及的。

她曾这样问我："我已经很努力了，为什么没有效果呢？你说这原因出在什么地方？"

我直接告诉她："你和老师沟通太多了，这容易造成孩子的反感。虽然你把沟通的结果告诉了孩子，这没错。可你那样频繁地找老师，不仅使孩子感到紧张，而且让老师也觉得反感，因为你可能打扰了他的工作和生活，或者觉得你不信任老师。"

朋友有点失望地说："那我应该怎么办呢？"

我说："最好是减少沟通次数，沟通的最高境界是不沟通，'懒妈妈'照样能成就好孩子。"

"不沟通？这样对孩子有好处吗？"朋友不理解地问道。

我对朋友解释说："家长找老师沟通是应该的，这便于家长和老师亲密合作，教育好孩子。但是，家长和老师沟通时，要看具体情况，不是孩子发生的每一件事情都需要与老师沟通，家长把孩子交给老师，是对老师的一种信任，相信老师有足够的能力教育好孩子。"

我继续对朋友说:"从孩子角度来说,我们重在培养孩子的独立自理能力和良好的品行,这是孩子适应社会的必要条件。我们试想一下,如果家长时时联系老师,处处为孩子做好任何保护工作,那孩子就好比温室中的花草,即使长成了大人,也可能是一个意志力薄弱的人,经受不起挫折和失败等的考验。再说,家长和老师都有自己的工作,总不可能为了孩子的一点小事情而东奔西跑。我们也看到,有些家长很少和老师沟通,可他们的孩子依然很乖,很少让家长和老师操心;但有些家长经常跑去找老师沟通,却不见得孩子有多少进步,这又是什么原因呢?所以说,家长找老师沟通也要注意分寸。"

我还说道:"像你这样的情况,因为你经常和老师联系,孩子会认为你在监视她学习,让她觉得缺乏自由,这应该是你不曾预料的。可事实上,家长和老师都不是孩子学习的'监工'。你越是积极找老师沟通,孩子越不会买你的账,你的实际效果可能是负值。沟通是一门艺术,需要仔细琢磨,而不是勤快就能收到效果的。"

家长和老师在沟通上达到"不沟通"境界,实际上是武侠小说中的"无招胜有招"的体现。老庄哲学讲究"无为而治",自有他的道理。家长和老师都不能用成绩来捆绑孩子,而是要让孩子在自由状态下发展。著名教育家陶行知先生说:"要解放孩子的头脑、双手、脚、空间、时间,使他们充分得到自由的生活,从自由的生活中得到真正的教育。"家长和老师的"不沟通"恰恰是"无为"这一哲学思想的体现。

家长不和老师沟通的一个重要前提是广泛深入地和老师沟通。**家长和老师沟通不仅仅要谈孩子的学习,**还应该谈谈孩子的思想、感情、习惯等。学习成绩固然重要,但它不是沟通的唯一内容。在沟通的时候,我想,每一个清醒的家长都应该认真反思一下自己和老师的沟通经历,多从问题的源头思考,尽量少谈孩子的学习问题。教育的内容是很丰富的,孩子的综合素质也不可忽视。孩子的学习和自身的综合素质有着密切的关联,两者相辅相成,如果孩子没有很好的心理素质、良好的行为习惯、健康的体魄等,很难在学习上取得好成绩。实际上,我们周围的很多家长都没有很好地做到"充分沟通"这一点。我们可以看到,家长送孩子去学校报名,常常一送了之;家长参加孩子的家长会,像是参加某种例会,走过场一样;就是家长主动找老师

> 走路和说话是我们最重要的两种基本能力。推广开来,无论哪一种能力,要达到了习惯成自然的地步,才算是我们有了那种能力。——叶圣陶

沟通，也常常只会围绕着学习这个重心而已。

我认识一个家长，她很关心孩子的学习，一心只想让孩子认真学习，以便孩子将来出人头地。每次开学的时候，她总是送孩子去学校报名，经常找老师聊几句，一说就说到孩子的学习，让老师多关照孩子的学习。但谈到孩子在家的表现时，她又说孩子学习不够努力，对于孩子的其他方面的表现，家长似乎不愿多谈。

可是有一天，孩子在教室里考试，写着写着，他突然把试卷撕得粉碎，情绪低落地走出了教室。后来，老师去找孩子，结果发现孩子躲在操场角落里啜泣。这之后，孩子的作业总不能按时完成，上课老是走神，成绩一落千丈。当家长领着孩子走进心理咨询中心的时候，孩子不再灵气十足，而是满脸的疲惫。心理专家告诉家长，孩子患了抑郁症，遇事悲观，自觉乏力和精神不振，有时会产生自杀的想法。原因就在于家长平时急于求成，对孩子过于严格要求。

实际上，家长很早就发现孩子有撕作业本的现象。那时，孩子在家写作业，突然一把撕掉作业本，神情沮丧。可惜家长只关心孩子的学习成绩，却没在意孩子的日常生活表现，也没有很好地把这个事情告诉老师。这是家长和老师不充分沟通的表现，而出现这样的结果却是一家人的不幸。

可见，**频繁沟通并不见得有效，关键是家长要和老师进行充分沟通，这样的沟通才能真正起作用。**

我也碰到过一个很少和老师沟通的家长，他除了开学的时候找老师谈谈孩子的情况，比如孩子的兴趣爱好、性格、想法和在家作息时间等，其余时间除家长会外，一概不和老师联系，但他的孩子不仅学习优秀，而且兴趣爱好广泛，深受老师和同学欢迎。

当然，沟通的最高境界是不沟通，但这并非是不负责任的做法。只要家长信任老师，只要家长诚心诚意地把孩子交给老师，相信老师会真心实意地关心爱护孩子，老师所做的一切都是为了让孩子能成为一个优秀学生，那孩子也可能会像家长所期待的那样成长。家长和老师在充分沟通后，采取少沟通甚至不沟通的策略，反而会使孩子能够在自由的环境中，逐渐养成自觉性，成为独立自主的人。

做一个懂得孩子心理的"懒妈妈"，这也是对孩子信任的表现。现在的很多孩子出现的问题，不是家长和老师管得太少，而是他们对孩子管得太多，造成孩子胆小、任性、叛逆……动不动就和家长、老师闹情绪。这应当是我们大人教育孩子方面的一大误区。

贴心提示：怎样做一个快乐的"懒妈妈"

"懒妈妈"并非什么都懒，只要身懒心不懒，便能收到意想不到的效果。

◆ 多信任少埋怨，孩子会多点信心和满足。
◆ 让孩子切身体会到父母的忙碌，发自内心地理解父母。
◆ 鼓励孩子寻求父母以外的帮助，比如亲戚、同伴、老师等。
◆ 不低估孩子的能力，不扼杀孩子的希望。
◆ 亲子之间相互表达爱。当父母因为忙碌无法顾及孩子时，父母一定要把"爱"字说出口。

可能等你过完自己一生，到最后却发现了解别人胜过了解你自己，你学会观察别人，但是从不观察自己，因为你在与孤独苦苦抗争。
——柏瑞尔·马卡姆

教养是孩子一生的财富

有一位苏联教育家曾这样说过:"做母亲的无论怎样忙,她必须找时间教养孩子,即使影响了自己的休息或者家务操劳。"古希腊哲学家德漠克利特也说:"有教养的人的遗产,比那些无知的人的财富更有价值。"可见,教养是人类文明的体现,在生活中起到举足轻重的作用。

何谓"教养"呢?一些权威的辞典解释说是"文化和品德的修养",但人的教养并非天生的,我更倾向于将"教养"理解为一种经过学习和磨炼的品行和习惯。作家毕淑敏在《教养的证据》一文中认为有教养的人"热爱大自然";"应该能够自如地运用公共的语言";"对历史有恰如其分的了解,知道生而为人,我们走过了怎样曲折的道路";"除了眼前的事物和得失以外,他还会不由自主地想到他远大的目标";"对人类种种优秀的品质,比如忠诚、勇敢、信任、勤勉、互助、舍己救人、临危不惧、吃苦耐劳、坚贞不屈……充满敬重敬畏敬仰之心";"知道害怕,知道害怕是件有意义有价值的事情";"知道仰视高山和宇宙,知道仰视那些伟大的发现和人格"。

作为家长,谁都希望孩子知书达理,有教养。朱女士跟我聊起的故事,或许能代表一部分富裕家庭孩子的现状。

> 我家经济条件还不错,对孩子有求必应,可孩子整天都觉得闷闷不乐。在学校里,老师常告状说我的孩子太"清高",目中无人,什么活动都不参加,学习成绩不好同样无所谓。在家里,更不用说了,闷在房间里像个小老头似的,家里来了客人,他从不出来问好,要知道他才11岁呀。为了这孩子,我们费尽了心思。

随着生活水平的提高,部分富裕家庭也出现了类似朱女士孩子的问题,特别是那些"富二代",如何正确教育孩子成为一个大问题。可以说,这类孩子拥有大量物质的享受,但其心灵深处可能一片狼藉,不见得很有教养。

现在很多生活富裕的家长往往都是自己奋斗拼搏出来的一代人,他们对生活的艰苦深有感触,所以不希望下一代再像他们一样辛苦,他们总认为只要有钱,孩子的教育就有保障。其实不然,**有钱能将孩子送进好的学校,但不能保证教育好孩子**。同时,家长给孩子过多的物质,并不能真正满足孩子的精神需求,容易使孩子变得懒散,找不到幸福的感觉,同时放弃了自我努力,丧失了通过努力获得成功的机会。

家庭富裕不是错，如果父母教育方法正确，照样能使孩子变得有教养，更有利于孩子的成长。家长遇到这类情况，可以向老师请教如何帮助孩子树立理想，培养孩子的责任感。

洛克菲勒是美国"石油大王"，可谓坐拥上亿资产的人，但他在教育孩子方面显得非常苛刻，给孩子的零用钱少得可怜，他认为"过量的财富会给自己的子孙带来灾害"。洛克菲勒为孩子立下这样的家规：7~8岁的孩子，每周零用钱30美分；11~12岁每周1美元；12岁以上每周3美元。所有零用钱每周发放一次，还要求孩子记清每一笔支出的用处，待下次领钱时交父亲搜检，而且要遵循3个三分之一的原则：三分之一可以自由花，三分之一要储蓄，还有三分之一要做慈善。其实，仅零花钱这件小事，就能培养孩子的公益心和自制力。

无独有偶，被世人称为"经营之神"的我国台湾企业家王永庆同样拥有亿万资产，但在教育子女方面一点都不放松。他为了锻炼孩子的独立性，将每个孩子送往国外学习。儿子王文洋13岁被送到英国留学，王永庆给孩子规定：小孩不能乱花钱，念书期间每天都要写信，报告一天的行踪和所做的事情；每笔开支都要报告，连小小的日用品也不例外。女儿王雪龄14岁时到英国教会学校留学，学校没有暖气，还开窗睡觉，但这培养了孩子独立、忍耐和顽强的品格。

王永庆自己也身体力行，生活非常简朴，一条毛巾用了30年。他每天坚持长跑，曾这样说道："跑步很辛苦，也很枯燥，但是为了身体健康，就必须持之以恒地跑下去。久而久之，像是日常工作之一，就不觉得辛苦了。"

假如家长都能像王永庆那样对待孩子，每个孩子都能成为非常优秀的人才，都能找到自己的人生目标，更不用说生活乐趣了。其实，孩子对什么都无所谓是因为对生活失去了兴趣，没有人生目标。

有人说，教养最难教了。连德国哲学家史沛曼都说："教养并不是透过理性安排就能达到的目的。"准确地说，**教养是在人做了很多事情之后，才会积极地作用，促使人向善**。很多时候，家长对孩子进行挫折教育是应该的。有一对白领，家境比较富裕，自从有了孩子之后，妻子就当起了"全职太太"。孩子一天天地长大，但孩子妈妈发现孩子特别爱哭，下棋输了，孩子会哭；作业不会做，孩子也哭；与别的孩子一起赛跑落后了，孩子又哭了起来。孩子妈妈非常担心，因为孩子无法面对任何挫折和失败。

可见，这个孩子的抗挫能力非常不好。如果家长遇到这样的情况，最好创造条件多给孩子一些挫折教育，任何一种挫折教育都是孩子成长必不可少的营养。所以，家长要多引导孩子勇敢地面对各种挫折或失败。

其实，每个人都有自尊心，都很在意别人的意见。孩子遇到挫折或失败时，最忌讳这样对孩子说："你看你，把事情搞得一团糟！""你怎么这么笨，连这个都不会？""早知道这样，就不让你做了！"……

比较好的做法是帮助孩子鼓起勇气，让孩子重新站起来。家长可以用故事引导孩子树立起信心，也可以用多次犯错的方法鼓励孩子越挫越勇。著名诺贝尔生理学和医学奖获得者巴雷尼小时候因病成了残疾，她的母亲自然十分伤心，但她仍强忍着悲痛来到孩子床前说："孩子，妈妈相信你是一个有志气的人，希望你能用自己的双腿，在人生的道路上勇敢地走下去！好巴雷尼，你能够答应妈妈吗？"母亲的话深深刺痛了孩子的心，巴雷尼从此发奋学习，最终成长为世界名人。

有家长曾和我说起孩子缺乏责任感，抱怨孩子一点责任感都没有。我觉得培养孩子的责任感并不难，难就难在我们对孩子的鼓励过于吝啬。在生活中，我们应该多唤醒孩子的责任意识，当你觉得孩子应该怎么做的时候，你不可用"你应该……"这种命令式的口气对孩子说，应该用"我觉得……"的语句暗示孩子应该怎么做。比如孩子的鞋带松了，家长可以这样说："我觉得你系的鞋带比我系的漂亮。"

多带孩子参加一些公益活动也是一种不错的方法。俄国作家托尔斯泰说："关心公益应当是每个有相当教养的人所共同的。"家长可以陪孩子一起观看一些博物馆展览，带头参加一些公益活动，鼓励孩子伸出自己的小手为公益事业绘画、签名或捐赠衣物和玩具等。许多父母都有很强的环保意识，不妨带孩子一起清除墙壁上的"牛皮癣"。这些都非常有利于培养孩子的责任感。

孩子有了责任感之后，自然会产生爱心和慈善情怀。在这方面，父母可以带孩子帮助别人劳动。比如周末的时候，父母可以带孩子去养老院帮老人做些事情，让孩子感受帮助他人的心情。杨澜每次做完慈善工作，总要向儿子汇报情况，目的是让儿子从小树立慈善观念。在儿子当班长的时候，就和儿子达成共识：做班长就要牺牲自己服务大家。一般来说，**有责任心和爱心的孩子，比**

较会顾及周围的人的感受，不会像那些"小皇帝"或"小公主"那样自私自利，冷漠无情。

此外，感恩的心同样重要。有句古话说："滴水之恩，涌泉相报。"我们身边的孩子由于缺乏感恩教育，不管父母付出了多少心血，都不会感到珍惜。比如孩子不会赚钱，花起钱来却大手大脚。每当家长给孩子零用钱时，孩子都拿得心安理得，有些孩子还会抱怨家长给的钱太少。家长给孩子买衣服，孩子却嫌衣服太便宜。诸如此类，都表明孩子不懂得感恩之心。

感恩的种子是需要培育的。因此，家长可以参照以下做法：

● 给予孩子适量的物质满足即可，给孩子适度的零花钱，给孩子穿普通衣服，不刻意为孩子准备饭菜。

● 不满足孩子的无理要求，可以让孩子通过自身努力获得某样东西，鼓励孩子自制玩具。

● 不打击孩子的理想，家长要多给予鼓励，帮助孩子树立理想。

● 家长要让孩子承受一定的生活压力，比如给孩子一些奋斗目标，并按计划要求孩子完成。

假期的时候，父母可以带着孩子到乡下去体验生活，让孩子懂得"粒粒皆辛苦"的道理，明白劳动的重要性。在学校里，老师可以让孩子们明白老师、食堂员工生活的不易。

英国教育家洛克说："把子弟的幸福奠定在德行与良好的教养上面，那才是唯一可靠的和保险的办法。"**多培养孩子的教养，将是孩子一生的财富。有了这样的财富，即便孩子遇到各种挫折或失败，照样能够勇敢地站立于世。**

贴心提示：怎样做有教养的父母

培养有教养的孩子，父母要以身作则，做有教养的父母。

◆ 注重个人温和敦厚的形象。父母要在孩子面前保持优雅的仪容仪表、仪态举止和着装等。

◆ 保持文明得体的谈吐举止。父母在谈吐方面要表现诚恳、亲切、大方，使用文明语言。

◆ 在公共场合，注重良好的形象。父母在乘车、购物、进餐的时候，不随地吐痰，不乱扔垃圾，能主动照顾老人、孕妇和残疾人等。

◆ 做一个守时的人。父母要在孩子面前言行一致，同时要守时，这可以为孩子提供榜样。

每个善意提醒都值得尊重

生活需要提醒，我们从小就习惯在提醒中生活。细心的父母可能还记得，孩子去上学了，总要给孩子提个醒，最常见的如："要听学校老师的话"、"要和同学和睦相处"、"下雨天不要乱跑"、"多穿件衣服"……这些貌似简单得不能再简单的提醒，恰恰给人以温暖，增进亲子之间的感情。

有时候，一些老师会抽空提醒家长，比如"希望您的孩子在家和在学校一样认真"、"希望家长督促一下孩子的学习"、"您的孩子体质有点弱，需要加强锻炼"……老师这样提醒是为了让家长协助学校教育孩子。有些时候，虽然老师做了这份细致的工作，但家长对此的反应天壤之别：有的家长支持老师的提醒；而有些家长不一定会领情；不少家长可能会把老师的提醒当作耳边风，没过多久就忘得一干二净了；一些家长还可能会以为老师的提醒很多余。

我当老师的时候，也做过这样的事情。每次放假，我总要发条短信提醒家长，抽空看看孩子的功课和作业。不过，大人们很少会给我回复。当孩子放假回到学校，我问了全班学生在家的情况，十之八九的学生都说父母很忙，当然没有时间督促自己的功课了；只有少数几个学生说父母检查过他们的作业，但说是老师要求的。

有一次，班里的一个男同学和老师吵架，还和老师扭打起来，闹得一些男同学在后面起哄，似乎在给他呐喊助威。最后，学校政教处领导过来处理，才平息了这件事。但这件事情并没有就此结束，那个学生还从社会上带了几个小混混到学校找老师打架。最后，学校决定让那个学生回家闭门思过。

学生回家后，我给家长打了个电话，目的是把学生在学校发生的事情一五一十地告诉家长，提醒家长注意孩子的情绪波动。不料，那个家长不领情，还这样说："你们老师倒好，出了事情就把学生往家里搁。"

对于家长的心情，我能理解。老实说，每个老师都希望自己的学生能够平安无事，学生出了事情，老师同样非常担心。凡事情不是很大，老师能够自己处理的，都不愿意去打扰家长。除非出现大的事情，比如情节严重的打架、生大病、犯错屡教不改等。如果学生生重病，老师让孩子回家休息也是基于多方面考虑的：一是学生自身因为生病没办法像往常一样听课，学习效率低下；二是学生大病期间需要人照顾，回家休息是为了康复得快一些。

提醒不是坏事情。老师对家长的提醒，有好多方面。有的是出于工作上的需要，比如有些学校还规定老师要在开学前打电话给家长，让家长提前准备孩子上学所需的物品。

细心的家长可能会发现，老师还因为这样几种情况提醒家长：对学生日常生活或学习的关心；老师发现孩子的异常行为。老师通常采用这样几种方式提醒：口头提醒，碰到家长直接提醒或电话告知；通过家校联系单提醒。

当然，家长也要善于分析老师的提醒，不盲从。老师有些提醒可能过于严厉，如老师要求孩子周末都在家做作业，老师体罚孩子还要让家长配合。如果出现这样的情况，家长可以根据自己的判断力，有选择性地接受提醒。

如果老师的要求比较多，也可能会引起家长的不满。有一年秋季开学前，我打电话给家长，其中有一个家长很不耐烦地说："你们到底烦不烦？今天要我们带这个，明天又要我们带那个的。"说完就把电话给挂了。

家长有点偏激，甚至在误解老师的意思。遇到这类情况，家长先得让老师把话说完，明确老师在提醒什么。**不管怎么说，老师的提醒总是出于某种考虑。家长可以不接受老师的提醒，但不能立马挂断电话拒绝。**

> 放心去上学吧！在学校里，你的老师会照顾你的。

> 妈，我不想去上学！

有时候，老师的提醒是出于对学生的安全考虑。特别是在学校放长假或学生请假回家的时候，很多老师都不忘给家长提个醒，让家长多关心一下孩子的住家生活。这些都是非常善意的举动，家长应该重视。

有时候，老师的提醒是一个信号。这个信号是家长理解孩子的一把钥匙，能够让家长读懂孩子的心理。

有个叫菲菲的小女孩在第一天去幼儿园的时候，老师给菲菲妈介绍了幼儿园的情况，并且提醒家长抽空到园里看看。菲菲妈当时还以为是老师在为幼儿园做广告，就没怎么在意老师的话。后来，老师发现菲菲有一个坏习惯，就是喜欢把同伴的玩具拿回家。

事情发生之后，老师把情况告诉了家长，让大人平时多注意孩子的行为习惯。菲菲妈知道后，非常气愤。等菲菲回到家，她一把拉住孩子的手进行质问，还打了孩子的屁股，孩子哭个不停。

等到第二天上学，菲菲妈又收到老师的短信："您的孩子今天表现一直不好，闷闷不乐的，我知道了其中的原因。孩子犯错很正常，您作为家长却打了她，这是不正确的行为，会给孩子留下不好的印象，而且会使孩子产生不信任的心理，到时候出现说谎现象就麻烦了。"

菲菲妈连忙给老师回复道："谢谢老师的提醒。都是我们家长的错误，对孩子太宠爱了，现在出现这种情况，真让您费心了。"

菲菲妈这才恍然大悟，不管孩子多大，他们同样有自尊和人格，也需要大人的尊重，打骂孩子并不能解决问题。再说，孩子的霸道不是一天两天就养成的，而是长时间溺爱的结果。菲菲妈后悔当初没有严格要求孩子，让孩子恃宠而骄。

话说回来，菲菲的成长离不开老师的正确引导，老师在生活中的提醒无疑是帖良药。

有时候，当老师给家长发提醒信息："周末到了，先祝您和您的家人轻松快乐。为了您的孩子有更大的进步，烦请您帮忙管教好孩子，让孩子在玩的同时有知识的收获。"哪怕你只作这样简短的回复："谢谢，辛苦老师了。"但这已经充满了温情。

提醒有很多学问。老师不仅要提醒灾祸，提醒做什么，也要提醒生活中的美好。著名作家毕淑敏曾在《提醒幸福》一文中说："提醒注意跌倒……提醒

想让孩子长成一个快乐、大度、无畏的人，那这孩子就需要从他周围的环境中得到温暖，而这种温暖只能来自父母的爱情。——罗素

注意路滑……提醒受骗上当……提醒荣辱不惊……先哲们提醒了我们一万零一次，却不提醒我们幸福……常常提醒自己注意幸福，就像在寒冷的日子里经常看看太阳，心就不知不觉暖洋洋亮光光。"

每当我读到这句话时，不禁被作者的睿智和博大胸怀深深感动。有时候，老师也会把孩子的进步作个提醒，比如"你的孩子获奖了"、"你的孩子这次考试有了进步"、"孩子变得开朗起来了"……每当家长听到这样的提醒，想必都十分欣愉，会为此感到无比快乐。

相对提醒孩子的不好而言，提醒孩子的优秀更应值得重视。**孩子的成才不是骂出来，不是打出来，而是夸奖出来的。**用什么样的眼光看待孩子，将会影响孩子未来的成长。用欣赏的眼光看待孩子，孩子会变得自信、乐观和坚强；用贬低的眼光看待孩子，孩子将会变得自卑、阴郁和迷惘。多一些好的提醒，少一些抱怨和呵斥，表扬和赏识孩子，更容易让孩子产生强大的动力。

其实，老师的提醒不为别的，只为孩子能幸福成长，老师的每一个善意提醒都值得家长尊重。老师的每一句善意提醒都倾注了对孩子的关心，是家长教育好孩子的重要途径。因此，无论家长多么繁忙，请不要忘了关注一下老师的提醒。

贴心提示：家长该如何提醒老师

提醒是双方的，家长也可以提醒老师，具体做法如下：

◆ 多提醒老师关注自身的健康，比如这样说："老师，您为孩子付出了很多，平时可要多注意身体啊！"如果家长得知老师生病，即便说句"老师，您别太劳累了"，也是对老师的重视。

◆ 提醒老师鼓励孩子。有些家长喜欢提醒老师严格管教孩子，往往忘记了提醒老师鼓励孩子上进，其实这更重要。

◆ 如果家长发现孩子不喜欢某个老师，可提醒老师和孩子多沟通，鼓励孩子接纳老师。

◆ 如果老师有暴力倾向或教育方式得不到孩子的认可，家长可以这样提醒老师："为了孩子的健康，是否还有更好的教育方式呢？"

平等使交流更温馨

在进入话题之前，请大家思考以下问题，看看自己是否遇到过类似的情况：

1. 你是否认为老师很难交流？
2. 你是否不想接纳老师的生气和愤怒？
3. 你是否觉得老师的工作很轻松？
4. 你是否认为老师太年轻、没水平？
5. 你是否觉得跟老师说也没用？
6. 你是否觉得老师有些懒惰？
7. 你是否不相信老师的能力？
8. 你是否支持老师的工作？
9. 你是否觉得老师在等退休？
10. 你是否觉得老师没有管教好孩子？

……

家长有这样的问题，至少表明家长比较在乎老师的工作。**家长有权质疑老师的工作，也有权监督老师的工作，这都是家长的基本权利。**

这样的做法不仅正确，而且要大力提倡。由于种种原因，家长一直处于弱势地位，家长根本没有很好地行使监督权。

在家长质疑和监督老师工作时，我们需要一个原则，那就是平等和尊重。每一次成功的沟通，都离不开平等和尊重。

虽然家长和老师都是孩子的教育者，但在现实中，家长和老师之间的交流并非一帆风顺，由于思想观念上的差异、为人处世方面的不同、教育孩子方式上的异同……家长对老师存在某种不信任。久而久之，家长对老师产生了偏见，进而越来越难以沟通。

有一个孩子刚上初一，各门成绩一塌糊涂，还被同学叫作"小吵客"，意思是说这个孩子在课堂上爱说话，很吵闹。因为成绩不好，家长对学校教育耿耿于怀，怪罪老师没把孩子教好，还借题发挥说老师管理不到位，没把班级管理好。后来，这位家长经过朋友介绍打电话向我咨询，家长抱怨孩子上初中后变化很大，说孩子读小学时，学习成绩一直十分优秀，还是班级里数一数二的好孩子，可孩子进初中后，成绩退步非常惊人，这让她难以接受。她还抱怨老师不好交流，不理解她。

我一直耐心地听着，等到她的心情稍微平静下来，我才开始说："我知道每个家长都希望孩子能够像自己期望的那样成长，可孩子往往并不像我们所预期的那样按既定轨道不偏不倚地走下去，有时候甚至反其道而行。这时候，最急的当然是家长，但老师同样着急，因为孩子学习不好，会影响整个班级的平均成绩。你说，哪个老师愿意这样啊？"

我接着说："人人生而平等，你对老师有偏见，容易使双方在对话时出现裂痕。比如当你气冲冲地质问老师：'为什么没把我的孩子教好？'老师同样会感到不舒服，使双方不能平等对话。如果出现这样的情况，沟通双方发生争执的可能性极大。我们且不说这样的对话方式正确与否，你说，谁喜欢接受带刺的话呢？"

可她不解地问："孩子学习不好，难道老师没有责任吗？我那样问他有错吗？"她提的这个问题，曾经有很多家长也对我说过，很有代表意义。

为此，我继续分析说："你质疑老师的工作，这没有错。错就错在你没有站在对方立场上思考问题，离开了沟通的基本原则。再说，你有没有了解过孩子在学校的具体表现，有没有倾听过孩子的内心感受呢？如果你是老师，当你也遇到像你一样的家长，你会怎么想呢？"

经过我的一番分析之后，她才认识到自己所做的有些冒失，问道："那我现在应该怎么办呢？"我说："造成孩子学习退步有各种原因，老师教不好可能是其中的一个，但问题是，为什么其他孩子能学得好呢？可见最大的原因可能还是在孩子身上，或者是家庭教育出了问题。有的孩子适应环境能力比较差，一进入新的环境学习，就出现紧张和恐惧心理，没心思学习；也可能是家长没有很好地培养孩子的独立能力，孩子难以适应新学校。所以，你在和老师沟通时，请放下你的偏见，调整好心态，将心比心地进行交流。最后，我送你一句话：平等使沟通更加温馨！"

我可以肯定地说，几乎每个人都知道"平等"这个词，但在人与人之间的具体交往中，估计很难做到真正的平等。现实中的社会地位高低、财富多少、身体强弱、思想观念差异等都有可能造成人与人之间的不平等。

需要说明的是，偏见与不平等有着千丝万缕的关联。有时候，偏见会造成沟通的不平等现象。在生活中，我们也经常听到这样一些声音，比如：

"我所见到的老师太年轻了，比我还小，叫我怎么尊敬他啊？让他先尊敬我还差不多。"

"老师太嫩了，没什么能力，我不敢恭维他的能力。"

"是个女老师，还是个小姑娘，我懒得跟她说。"

"老师还不是打工的料，我一天赚的钱比他一年的还多。"

……

这些都是家长对老师产生偏见的原因。说到底，还是跟教师的社会地位有关。我上大学时读的是师范专业，当时就被很多人认为没前途。虽然近年来，国家一直在努力提高老师的社会地位和工资水平，但一些社会观念根深蒂固，教师这一职业真正被人们理解还需要一段时间。

偏见是沟通的拦路虎。好的沟通是一种礼貌，是一种修养，给人以如沐春风的感觉。如果出现暴力要挟的沟通，则给人粗野的感觉，即便你身着西装。

理解老师是减少偏见的基础。人们一说到老师，就把老师比作"蜡烛"和"春蚕"，说老师是"人类灵魂的工程师"，是"太阳底下最光辉的事业"，这些看似给了老师很高的评价，但这也是对老师的偏见，因为人们把老师当作"特殊人物"。

的确，老师有其教书育人的高尚一面，但老师既承担学校教学和管理的压力，又要承受来自家长和社会的压力。老师最渴望能够得到家长的理解和支持。有时候，家长的一个电话、一句感谢的话、一次心灵上的对话，都能使老师信心倍增。如果家长能够站在老师的角度理解和体谅老师，那家长对老师的偏见也会逐渐减少。有了相互的理解，就能缩短家长与老师的心理距离，为今后的良好沟通打下基础。

客观地说，家长同样需要老师的理解。当家长生气抱怨的时候，老师一句理解与关心的话往往会使后面的沟通十分顺畅。

平等要尊重老师的人格和尊严。无论怎么说，尊重是家校沟通的基本原则之一，即使一个十分弱小的老师，同样值得家长尊敬。孩子在学校表现不好，不一定就是由老师造成的。有些家长发现孩子表现不好后，就严厉质问老师，像审问犯人一样，那是对老师人格的不尊重。

> 我父母总是说，一个孩子需要四样东西——充分的爱、富有营养的食物、有规律的睡眠、大量的肥皂和水——这些完了呢，他最需要的是一些明智的放任。
> ——I. B. 普里斯特

有时候，老师也会误解孩子，甚至错怪孩子。有家长说，自己无法忍受老师错怪孩子的行为。孩子都被老师伤害了，还有什么话可说的？家长有这样极端的想法也属正常，但我们不能因此就对老师有报复心态，我们需要的是对话，是彼此之间的平等对话。家长和老师只有在平等对话的前提下，才能获得彼此的尊重，才能真正解决问题。

平等对话，退一步海阔天空。 如果家长与老师发生了较大分歧而难以协调，那么家长可以通过退一步的方法，与老师进行沟通。一个家长的小孩在读小学五年级，成绩不是很好，老师每天下午都把他留在教室里罚写作业，可成绩还是没有上去。家长急了，认为老师根本没把孩子教好，光把孩子留下来罚写作业没什么作用。孩子被留到很晚，家长每次去接孩子，都觉得很没面子。那位家长很想跑去质问老师，可后来还是忍住先观察一段时间再说。

过了一个多月之后，孩子的成绩终于有了起色。那位家长去找老师沟通，这才发现老师的用心良苦：原来老师不是单纯地把孩子留下来罚写作业，而是让孩子在罚写作业的同时，学会自我学习。被留下来的孩子不止一个，还有其他五个孩子，老师没有把上过的内容重新讲一遍，而是让孩子们自己看书做作业，遇到不懂的地方就问老师。经过一个多月的自我学习，每个孩子的成绩都有不同程度的提高，更重要的是他们学会了如何自学和管理自己。

所以，当家长和老师存在沟通隔阂时，家长不妨采取"退一步"的策略。老师在教育孩子的时候，毕竟有自己的方法。当无法理解或无法认同老师的教育方法时，家长最好不要着急，可用向老师咨询或请教的语气与老师沟通，了解老师的教育方法。

家长也要适当改掉自己的缺点。 家长在教育问题上与老师意见不一，可能会产生冲突和摩擦，而有些冲突跟家长自身有关。孩子某些品格的形成，跟家庭教育有很大关系。比如孩子说脏话、不懂礼貌、不爱卫生、任性、爱吵闹、不听大人的话，很可能是家庭教育造成的。

这时候，家长最好反思一下自己的行为方式和教育方法，改掉缺点，力求解决问题。

家长和老师需要相互信任。 相互信任是沟通的强大基石。家长可以借助书面沟通（作业留言、发短信、写电子邮件等）方式，让沟通更合理、有效。

家长要悉心听取老师的意见与建议,也可以交换意见,正如作家萧伯纳所说:"你我是朋友,各拿一个苹果彼此交换,交换后仍然是各有一个苹果;倘若你有一种思想,我也有一种思想,而朋友间交流思想,那我们每个人就有两种思想了。"如此,家长和老师的沟通才有可能达到共振的效应,碰撞出思想的火花。

需要指出的是,老师在与家长交流孩子的表现情况时,应努力做到及时、全面、经常化,以正面引导为主,先报喜后报忧,避免当众指出孩子的错误和缺点等。

良好的沟通建立在相互尊重的基础上,平等为沟通铺平了道路,使沟通更加温馨和高效。

贴心提示:怎样让老师接纳家长

老师需要接纳家长,家长同样需要接纳老师。要想得到老师的认可,家长不妨尝试一下以下的做法。

◆ 和老师见面时注意着装的整洁,可以给人留下好的第一印象。
◆ 谈吐自然,热情,有亲和力。
◆ 察言观色,注意对方的情绪变化,适当调整谈话内容或方式。
◆ 诚恳地表达自己的观点。
◆ 和老师谈话时别抽烟。
◆ 老师陈述情况时最好不插嘴。
◆ 别忘了肯定老师付出的辛勤劳动,诚挚地感谢老师,培养好双方的感情。

总之,注意沟通细节,是非常重要的一项内容,还有可能关系到沟通的成败。

教育不是一个人苦撑

培养孩子，犹如创作一件精美的艺术品，需要时间和精力，同时需要合作，特别需要父母和老师的精心合作。既然是合作，那必定需要互动性极强的交流。大量事实证明，教育不是一个人苦撑，一个学习优秀、品行端正的孩子不是一个人培养出来的，而是父母、老师和社会共同教育的结果。

在以往的教育中，很多父母都认为孩子就应该由自己全身心地管教，不论自己多苦多累，都应该把孩子拉扯大。父母会勇敢地背负起所遇到的教育难题，自己慢慢摸索解决。这样的教育方式看似勇敢和负责任，但很容易忽视他人的教育经验，使自己在教育孩子方面走弯路。

其实，明智的教育方式是多与他人沟通，适当整合各种教育资源。作为家长，您不妨勤快一点，不仅需要和老师保持良好的关系，而且需要积极地互动。

家长可以向老师倾诉教育孩子的烦恼。 每个家长都知道，教育好孩子并非一件简单的事情，单是把孩子培养成人，就需要大量的时间、财物和精力。在整个过程中，几乎所有的父母都有过烦恼的经历。有时候，家长不妨把自己的烦恼和老师说一说，也许老师正遇上和家长一样的烦恼呢。

我遇到过很多父母，每当他们提起带孩子的经历，都有说不完的忧虑。我认识一个孩子母亲，她的孩子小敏在读初二，眼看着功课渐渐多起来，小敏妈更加担心起孩子的学习。孩子读小学的时候，还只有语文和数学两门主科，到初中突然多了好几门功课，而且要为两年后的中考作准备，孩子的学习压力自然不小。大概是女孩子的缘故，小敏偏爱文科，对数学、科学这两门功课不是很喜欢，成绩也很一般，在班级里处于中下水平。

令小敏妈感到担忧的还不止这些。小敏还迷恋情感类电视剧，看着看着，还会入戏，一把鼻涕一把泪地哭起来。

小敏妈还注意到一个现象：很多时候，孩子一进门，就把自己锁在小房间里很久，小敏妈对孩子的行为，感到既无奈又无助，总觉得管教孩子非常累人。这是一种比较常见的现象，不少父母宁愿自己辛苦一点，也不愿意将自己的烦恼跟身边的人倾诉。如果小敏妈能够及时地找老师聊聊自己的烦恼，也许就不会出现这样的忧虑了，老师接触过各种各样的孩子，也许比家长更有教育经验。

家长可以与老师分享教育孩子的快乐。孩子是父母最甜蜜的负担。教育孩子虽然艰辛,但也有快乐,比如孩子学会走路、能自己穿衣服、学习优秀、懂事有礼貌、得到老师表扬等,都是让父母高兴的事情。也许我们还有这样的印象:孩子有了一点小小的进步,我们都会迫不及待地把孩子的表现告诉周围的人,心中的喜悦溢于言表。

当家长和老师沟通时,也可以将自己教育孩子的经历和老师说一说,与老师分享其中的快乐。我记得有一个孩子父亲跟我聊起孩子的学习问题,他还时不时地讲了许多自己教育孩子的快乐,这让我感到非常亲切。在分享快乐的同时,我们还总结了一些教育经验,这可是一举两得的事情。

与老师谈谈自己教育孩子的经验不失为一种好方法。每个家长都有自己的教育心得,每个人的教育经验都有值得借鉴的地方。当你和老师沟通时,请不要吝啬你的口舌,和老师谈谈你教育孩子的经验。好的教育方式能让孩子更加聪明,而不正确的教育方式则可能毁掉孩子的一生。

每个孩子的个性特点和成长经历都不一样,这使得父母教育孩子的方式参差不齐。从老师的角度来说,老师的一双眼睛要分给全班几十名孩子,而不是某个孩子,难免有疏漏的地方,而家长的教育经验对老师有一定的启发作用,这也是一种对教育资源的补充。同样,老师的教育经验也会给父母一些启发。所以说,这两者相辅相成,缺一不可。

我在当老师的时候,常和孩子父母谈起彼此的教育经验。有一次,我去一个孩子家里走访,孩子父母谈起自己的教育经验,他们认为要使孩子懂事并不难,只要孩子切实地体会到大人的辛苦,大多数孩子都能从沉睡中苏醒过来,变得懂事。老师应当像父母一样对待孩子,要时刻让孩子感受到老师的用心良苦,这样容易使孩子理解和尊敬老师。

后来,我把那位孩子父母的经验用到了学校工作上,和孩子们一起学习、工作、吃饭、活动,让他们真实地感受到老师一天的生活。结果,很多孩子都纷纷对我说:"老师,你们真的很辛苦,我们现在理解你们了。"听了孩子的话,我感到无比欣慰。

不妨与老师聊聊生活压力。现代社会,生活节奏加快,每个人都有不小的生活压力,而压力往往会影响到父母对孩子的教育。

有父母说,生活压力属于自己的事情,跟别人说会很没面子。我能理解

> 我们不能按照自己的观念塑造孩子;我们必须爱他们,任他们的天性自然发展。 ——歌德

这样的顾虑，但我认为，家长和老师谈生活压力有很多好处，比如增进了解，体谅对方的难处，必要时可以相互帮助；还可以增进信任，使彼此在教育方面达成默契。

有一位母亲因为孩子厌学严重，被老师请到学校谈话。那位母亲穿着十分朴素，对老师非常有礼貌，可她的孩子上初中之后就开始厌学，总想着出去挣钱。老师了解到原来孩子父母都在建筑工地做小工，收入很低，而且孩子父亲在一次施工中发生了工伤事故，一双腿残废了，只能靠孩子母亲一人打工维持生活，懂事的孩子也萌发了辍学打工的念头，帮助家里减轻负担。

这一次谈话之后，老师向学校申请免掉了孩子所有的学习费用，还让学校资助孩子的生活费。这个孩子因为得到学校的帮助，决心用学习成绩来报答学校老师。值得欣慰的是，这个孩子后来还考上了当地的一所重点高中。

和家长一样，老师也有生活压力。很多老师除了学校的工作，还要忙家务活，还要承担许多生活负担。特别是年轻一代的老师，除了工作压力外，还可能碰到买房子、结婚、照顾父母等压力。

如果情绪低落，在老师面前哭泣并不是弱者的表现。 与老师沟通时，家长最担心自己在老师面前出洋相，因此在交流中常常掩饰着自己的情绪，这看似坚强，其实没必要，即使有家长在老师面前哭泣，也不是弱者的表现，亦不会失去作为家长的尊严。

很多父母遇到伤心事的时候，喜欢找我聊天，原因就在于我会给他们一个自由倾诉的空间。常常，我还没说几句，父母就哽咽起来，流下伤心或悔恨的泪水。但是，我从不认为这是父母软弱无能的表现，而是父母情感最自然的流露，是父母在反思自己的教育方式，或者是向人求助。

可以与老师聊起自己小时候的老师。 有家长可能会问，为什么要聊起自己小时候的老师呢？其实，这是非常好的一种教育对照和反思。**时代在变化，但教育的本质没变，那就是培养一个人格健全、懂事明礼、能够独立生存的人。** 聊起小时候的老师，能使彼此回忆起老师的教育方式，反思自己的教育方式，这对教育孩子很有帮助。

在现代社会里，一个成功的家长应当是一个善于学习、不断整合各种教育资源的家长，这也是父母教育孩子的秘诀之一。

贴心提示：家长有心事，可以这样说

如果家长遇到了难以解决的心事，又很想找人谈谈，可以用请教的口吻和老师说说。

家长在表达的时候，语气要诚恳，态度要谦和。如果家长遇到的是孩子的事情，可以这样对老师说："请问老师有时间吗？我想和您谈谈孩子的事情。"如果家长遇到的是自己的事情，也可以这样对老师说："不知道老师有没有时间，有件事情一直困扰着我，很想让老师帮我分析一下。"还可以这样说："老师，恕我打扰一下，可能要浪费您一点时间，我想和您说件事。因为这件事情，一直影响了我教育孩子的心情。"

曾经有个打算离婚的家长咨询过我一些问题，我觉得她的说话方式有代表性，她是这么说的："老师，打扰您休息了，有件事情不知道该不该和您说说。我怕自己的决定会影响孩子的学习。"当家长向老师表述自己的心事时，可以和孩子的学习联系在一起，这是有技巧的表现。

让孩子感到家庭是世上最幸福的地方，这是以往有涵养的大人明智的做法。这种美妙的家庭情感，在我看来，和大人赠给孩子们的那些最精致的礼物一样珍贵。
——华盛顿

小测试：你属于哪种类型的家长

> 你想了解自己对孩子的教育方式吗？你想知道自己是什么类型的家长吗？

1. 你期待孩子成为什么样的人？（　　）
   A. 听话的孩子　　　　　　B. 由他（她）自己决定
   C. 和孩子商量一下　　　　D. 我们帮他（她）设计

2. 家里来客人，孩子不愿意向客人问好，你会怎么做？（　　）
   A. 强迫孩子问好　　　　　B. 无所谓，不提任务要求
   C. 鼓励孩子问好　　　　　D. 替孩子问好

3. 当孩子不听话，对你撒泼耍赖时，你会怎么做？（　　）
   A. 严厉批评孩子　　　　　B. 对孩子不理不睬
   C. 和孩子讲道理　　　　　D. 满足孩子的要求

4. 孩子有了细微的进步，你会怎么做？（　　）
   A. 要求更好　　　　　　　B. 没什么，很平常
   C. 和孩子分享并鼓励孩子　D. 给孩子物质奖励

5. 孩子玩得很开心，结果把房间弄脏了，你会怎么办？（　　）
   A. 训斥孩子　　　　　　　B. 等孩子玩够了再打扫
   C. 鼓励孩子独立打扫　　　D. 替孩子打扫

6. 当孩子对你撒谎时，你会怎么办？（　　）
   A. 批评孩子　　　　　　　B. 无所谓，不管他（她）
   C. 和孩子谈谈心里话　　　D. 孩子还小，撒谎是正常的

7. 孩子突发奇想，提出一个你回答不了的问题，你会怎么办？（　　）
   A. 阻止孩子提此类问题　　B. 不回答
   C. 和孩子一起讨论　　　　D. 找出答案告诉孩子

8. 当孩子提出一个可笑的建议或不同意你的观点时，你会怎么办？（　　）
   A. 不赞成孩子的做法　　B. 没必要纠缠
   C. 和孩子一起分析　　　D. 同意孩子的观点

9. 你在家里打扫卫生，当孩子提出要帮忙时，你会怎么做？（　　）
   A. 立刻拒绝　　　　　　B. 同意孩子
   C. 和孩子协商分工　　　D. 偷偷地把孩子哄走，自己打扫

10. 孩子被同学欺负，你会怎么办？（　　）
    A. 批评自家孩子　　　　B. 二话不说领走自家孩子
    C. 给孩子倾诉的机会　　D. 把孩子的同学训一顿

说明：

　　如果答案 A 居多，则为专制型的家长；如果答案 B 居多，则为放任型家长；如果答案 C 居多，则为民主型家长；如果答案 D 居多，则为溺爱型家长。

　　专制型家长：以成年人的眼光看待孩子，对孩子要求严格，对孩子期望较高，平时要求孩子绝对服从。优点：孩子比较听话，并能服从家长意志，纪律性比较强，孩子成功的可能性也比较大。缺点：抹杀孩子个性，孩子缺乏主见，容易出现唯唯诺诺的现象。亲子关系紧张，容易出现裂痕。

　　放任型家长：不干涉孩子的生活，任孩子自由发展，对孩子关注不够，并可能倾注过少的爱。优点：给孩子自由发展的空间和时间。缺点：亲子关系冷漠，不容易协调彼此的关系，可能出现不尊重孩子的现象，也可能使孩子产生孤僻、忧郁、冷漠等心理。

　　民主型家长：尊重孩子，能够和孩子协商，并理解孩子的心理，既不过分关爱孩子也不疏远孩子。优点：亲子关系最为融洽，孩子身心发展健康，容易使孩子快乐、自由、独立地发展，有主见和目标，具有挑战权威的批判精神，自律性强。缺点：如果过多任由孩子发展，容易出现放任自由现象。

　　溺爱型家长：将孩子当作掌上明珠，对孩子百依百顺，倾注过多的爱，容易使孩子产生自高自大、目中无人、任性等现象。优点：给予孩子充分的物质满足，自由、宽松的成长环境。缺点：过分满足孩子的任何要求，特别娇宠孩子，忽视孩子的缺点，甚至纵容孩子，使孩子染上坏习惯。

　　综上所述，对一个负责的家长来说，最好做一个民主型的家长。

陪孩子一起快乐成长

老师什么时候最可爱？

- 老师在下课或活动时最可爱
- 老师在犯傻或笑得开心时，还有讲故事或幽默风趣时，还有被问到难住时，难堪的表情。
- 星期六、星期天准备放学回家的时候。
- 眼困的时候，还有头发乱七八糟的时候
- 老师不趴时最可爱
- 跟我们开玩笑时，笑得开心就可爱。
- 给我们发糖或一起做天玩地的时候
- 被同学们用滑稽的语言逗笑的时候
- 老师跟我们一起玩的时候最可爱。
- 说错话的时候
- 不布置作业的时候
- 生气的时候还有穿错袜子的时候，打完球之后

我心中的完美妈咪是……

- 可以不打不骂把我教育好的妈咪
- 上得厅堂，下得厨房。
- 知礼、善解人意，委婉提出错误
- 我心中的妈咪是一位勤劳、温柔、聪明，在外在家都是一个爱帮助的妈妈
- 对自己的孩子十分的呵护，是一个女强人。
- 做菜好吃，不会把我宠坏，对我要求很高。
- 我心中的完美妈咪是可以教我生活能力和管教严
- 美丽漂亮、温柔体贴，大方能干，不溺爱孩子，有一定学问。
- 对我公平，爱我的，可以保护我，能听我说的心声，有些会帮我挑，偶尔会买爱吃的食品，不那么唠叨，爱做错事，就正确有开导我
- 我心中的完美妈咪是能照顾我，能够教导我，在我受挫折的时候鼓我

人非圣贤，孰能无过，每个人都有犯错的时候。戴尔·卡耐基说："如果你是对的，就要试着温和地、技巧地让对方同意你；如果你错了，就要迅速而热忱地承认。这要比为自己争辩要有效、有趣得多。"诚然，沟通双方都有犯错的时候，假如父母发现老师犯错了，那就请您大声说出您的意见，投诉或批评老师都是现代家长的职责。

第二章
都是老师的错吗

怎能这样教孩子说谎

令人哭笑不得的标准答案

巧妙应对老师的不情之请

当你难以接受老师的价值观

教师节写给老师的投诉信

谁错怪了老师

家长能否当面批评老师

怎能这样教孩子说谎

我们常说，学校是孩子成长的摇篮，是孩子吸取知识的海洋。在学校里，孩子能够收获许多宝贵的知识和经验，促进精神上的成长。

可是，如果出现以下情况，那家长又该怎么办呢？

孩子写说谎作文获表扬

有人说，孩子天生不会说谎。孩子的心灵是透明的，我们常常为孩子的天真无邪和诚实守信而感动。

孩子也有说谎的时候。前段时间，有一位年轻妈妈，跟我聊起了这样一件事。

我的孩子刚上小学三年级，性格比较外向，经常和我们谈起学校发生的事情。上周五晚上，孩子在书房写作业，我无意中看到他写的作文，有一篇名为《我的妈妈》的作文得了"A"。我倚在书桌前饶有兴趣地看了起来。孩子的作文果然非常感人，写到妈妈遭遇了一次车祸，双腿差点残废，但妈妈非常顽强，依然撑起整个家庭。我读完作文后，发现老师这样评价道：你的文章非常真实感人，结构完整，符合主题，是一篇非常优秀的亲情作文。我一看这作文，便认定孩子在说谎，因为我根本没有发生过车祸，而且一直陪伴孩子学习。令我难以理解的是，这样的说谎作文怎么能得"A"呢？老师不但没有指出，而且在鼓励孩子写这样的作文。

正当我拿着作文本问孩子的时候，孩子一把夺回了他的作文本，并说："不许你看！"我连忙问他："你怎么能这样写我呢？"孩子非常得意地说："没事的，上次班级里有个同学写了篇她的爸爸勇斗歹徒不幸牺牲的作文，结果被老师当作范文宣读。后来，我发现她爸爸好好的，还经常到学校接她回家呢。"听了孩子这么一说，我倒吸一口凉气。我一直想把孩子培养成诚实守信的人，可现在我真不知道怎么办。我要找孩子老师说说吗？

我认真地听完她的叙述。可以说，老师教孩子在作文里说谎已是不争的事实。我们经常看到，一些孩子为了使自己的作文能够获得高分数和老师的好评，不得不去编造一些故事，而那些按照事实说话的作文却被判为不合格作文，甚至是零分作文。

其实，孩子说谎多半是被迫的，迫于某种压力。比如孩子刚开始学写作文，虽在模仿样文，但总倾向于自然表达自己的想法。可当孩子的作文被老师判为不及格，被老师严厉批评，很多孩子便开始反思自己的作文，甚至洗心革面，写出令老师满意的作文，而这样的作文难免会夹杂一些说谎的成分。

孩子说谎的另一个原因便是模仿，模仿大人说话，模仿作文参考书的写法。大人在孩子面前说谎，会潜移默化地影响孩子的言行。另外，市场上有许多"优秀作文"或"满分作文"，这些作文是孩子所追求的理想作文。如果孩子长期阅读这样的作文，那势必会影响孩子纯真的心灵。

可能也有人认为，作文可以杜撰可以虚构，甚至拿出艺术源于生活高于生活作幌子。但对一个孩子来说，尚不具备理性思维，让孩子将所见所闻、真情实感写出来，才是最重要的。**老师用高分和好的评语鼓励孩子写说谎作文，不仅会对孩子的品格产生不利的影响，且违背了"真实"这一作文原则，所写的作文不过"作秀"罢了。**

关于学校的说谎教育还能举出一些，比如上级教育部门来学校检查时，老师要求学生造假，这是比较常见的事情。

我在中学当老师时，有一年正碰上学校教育质量评估。校长接到教育部门的通知后，立即要求老师更换所有的功课表，新的功课表中有许多体育课和活动课，孩子们都非常高兴。校长还特地集合全校师生讲话，布置任务，要求全校师生统一口径，尽说学校是如何实行素质教育的。当时，有不少孩子就在底下窃窃私语："这不是要我们说谎吗？"我听后，直冒冷汗。

与写说谎作文相类似的是孩子考试作弊得高分，都涉及诚信问题。

孩子考试作弊得高分

我们的老师一心想把孩子们培养成诚实守信的人，几乎时刻在孩子们面前唠叨：考试千万别作弊，作弊就是偷窃别人的果实。可是，孩子们依然经不起分数的诱惑，纷纷在考场上使出作弊的绝技。有一次，我跟一个初一的孩子聊天，得知了一些孩子作弊的故事。

星期一上午，老师对我们进行了数学单元测试。试卷发下来后，我便开始紧张地答题。突然，我一抬头发现有一个同学鬼鬼祟祟，正在抄袭旁边同学的试卷答案。我一时没想到要告诉老师，就只管自己解答题目。考试结束后，那个考试作弊的同学竟然在教室里狂欢起来，还说一定会考

得很好。星期五上午，数学老师把改好的试卷发了回来，老师当着大家的面表扬了几个成绩比较优秀的同学，果然有那个同学的名字，他得了98分。我偷偷地看了他一眼，笑容满面。老师，您说那个同学值得庆贺吗？他明明是通过作弊的方式获得了高分，为什么老师还要表扬他呢？难道老师看重的只是分数？那我也作弊去好了。

听了这孩子的故事，我心里隐隐作痛。我们都知道，孩子考试作弊是一种铤而走险的行为，可每场考试总有人作弊，这是什么原因呢？当那个孩子看到同学作弊时，为什么就不能站起来报告老师呢？

有人说，孩子考试作弊是人性问题，也即天生的。我觉得并非完全如此，考试作弊是一种"偷窃行为"，固然有人的天性成分，但孩子考试作弊很大程度上是由于压力造成的，这个压力来自于家长和老师。由于应试教育尚未真正退出历史舞台，孩子的学习评价依然以成绩为主。应试教育的重要特征就是只重视学习分数，只要孩子的学习成绩出类拔萃，便有升学的希望。不可否认，老师是应试教育的执行者，而家长则对这样的教育起到推波助澜的作用。所以，家长和老师都非常重视孩子的每一次考试。孩子考试成绩不好，当然会受到老师的批评和冷落，有些家长还会严厉地惩罚孩子。对一个孩子来说，他（她）怎么能承受得起这般压力？为了得到高分数，获取家长和老师的表扬和赞赏，走上作弊之路实属无奈之举。

中国香港著名记者闾丘露薇在《不分东西》一书中讲述了这样一则发人深省的故事：

> 这让我想到另外一个朋友的经历，她是把自己的女儿从国际学校转到了本地高中。对于这些在中国成长的父母来说，虽然在国外生活了很久，但还是希望自己的孩子能够把中文学好。尽管女儿抱怨不习惯，她还是鼓励女儿坚持下去，她认为如果都没有办法适应学校的生活，以后又如何适应社会？直到有一天，女儿告诉她，考试的时候她看到身边好几个同学作弊，但她没有勇气告诉老师，只能自己放弃做考题。因为这是一次不公平的考试。朋友没有责怪女儿，而是决定让女儿离开，她不希望自己的女儿学好了中文，却建立了不正确的价值观。

也许有人会说，这是中西方教育方式不同罢了。其实，问题并不在这里，而在于我们的教育在培养孩子错误的认知和价值观。**这种只重结果的教育，只会让**

更多的孩子对作弊产生浓厚的兴趣，所有道德说教都可能功亏一篑。

至于孩子为什么不站起来揭发同学的作弊行为呢？我想，这其中原因无非是孩子担心自己被同学孤立或挨打，而老师又可能不会公正地处理问题，这暴露出当下学校教育的弊端。

我想，孩子受教育的目的不只是学习知识，更重要的是在于受到文化的熏陶，能够养成良好的行为习惯。如果孩子在受教育过程中沾染了说谎、作弊等不诚信恶习，那产生的不利影响非常大，可能伴随孩子一生。

如果家长发现了这样的问题，就不应该当作小事，更不应该视而不见。家长应从这样几个方面和老师沟通。

● 在沟通方式上，最好采用请教或相互探讨的方式，家长从孩子的行为表现引出谈论的话题——诚信问题。比如，家长可以把孩子的作文、考试作弊、说谎等事情当作话题。

● 围绕"诚信"的主题，和老师一起探究孩子说谎、作弊等行为的深层次原因。在这个时候，家长可以检讨一下自己教育孩子的方式，即自己有没有使孩子做出不诚信的行为。

● 在找到孩子不诚信的原因之后，如何对孩子进行诚信教育，这是家长和老师需要探讨的重点。

● 家长和老师及时沟通，反馈孩子的行为变化信息。

孩子会不会诚信、能不能讲真话，这关系到教育的成败问题，好的教育正如教育家陶行知先生说的："千教万教教人求真，千学万学学做真人。"为此，家长和老师都肩负着巨大的责任。如果一个班级的多数孩子有不诚信行为，那家长们可以联合抵制老师的默认和放纵行为，以投诉或抗议等方式促使老师觉醒。

真切希望此文的探讨能够引起读者的关注，哪怕做一点小小的反思也行，因为诚信还关系到民族的形象和生存问题。

贴心提示：如何对孩子进行诚信教育

孩子是国家建设和发展的未来，他们是否诚信，不仅影响着自身的安身立命，也影响社会的发展和进步。为此，家长和老师都有必要对孩子进行诚信教育。

◆ 教育孩子得法，学习环境宽松，让孩子信任大人。家长和老师不要给孩子太大压力，不把孩子当作学习的工具，不用成绩逼迫孩子学习，不以严厉批评、恐吓、打骂等方式教育孩子。即使大人发现孩子存在说谎行为，也不能用粗暴的方式教育孩子，应善于了解孩子的内心世界，帮助孩子认识到不诚信的坏处。

◆ 耐心对孩子进行诚信教育。家长可以用故事引导孩子学习诚信，老师可以利用课堂教学引导孩子认识到诚信的好处，或者组织"诚信教育"的主题班会课，让学生参与讨论，加深对诚信的理解。

◆ 诚信教育从娃娃抓起，严格把关，让孩子时刻牢记"诚实守信"一词。

令人哭笑不得的标准答案

考试是孩子学习中必不可少的环节，也是孩子掌握和巩固知识的重要途径。对于一个刚步入学校读书的孩子来说，考试对他而言是件头疼的事，因为考试成绩关系到他在群体中的位置。

侄子上学之后，我们十分关注他的成绩，他总把最好的成绩告诉我们。有一次过年，我父亲问他："跟爷爷说说，你的语文、数学各考了多少分？"侄子毫不犹豫地说："100分，都是100分！"可有一次，我问他有没有考得不好的成绩，他想了一会儿才说有一回语文考了80多分，只有一个同学考了90多分。可见，无论孩子多么小，他们都非常在意分数，并且希望用好的分数来赢得父母长辈的信任和赞赏。

有试题必有答案，而且在每一门考试中都有标准答案。尽管很多地方已将"标准答案"改为"参考答案"，但老师在阅卷的时候，大都会将"参考答案"当作"标准答案"。有一年期末考试结束后，学校组织老师集体阅卷，组长要求我们严格按照答案阅卷。一大叠的试卷摆在面前，我发现虽然许多学生的答案与"参考答案"大相径庭，但非常有创意。于是，我怀着忐忑不安的心情，放宽了对学生答案的要求，只要意思有点对，都给他们分数。不料，阅卷结束后，很多老师在背后议论纷纷，说某某老师阅卷"放水"，批改的成绩都很高。

如果"参考答案"比较合理，那倒可以作为"标准答案"，问题是很多时候，"参考答案"并非十分合理，而且有许多谬误，甚至令人哭笑不得，这是非常令人尴尬的事情。有一次，佳明妈拿着孩子的试卷过来找我，跟我辩论起试题中的答案，她很不服气地说："孩子的答案这么好，凭什么就错了呢？"

我仔细看了看试卷的题目，题目是这样的：冬天过后，是_____。佳明写的是"来年，大雁南飞的秋天"，按照道理说，这样回答也是合理的，并不见得错在什么地方。我对佳明妈说："你孩子说得很对呀，看不出有什么错呢。"这时候，佳明妈急忙搬出"参考答案"说："答案是'柳暗花明的春天'，老师也说凡是没写到春天都是错误的。"我这下可蒙了，一时搞不懂老师为什么那样"刻板"。

人与人之间的关系，不能像一件衣服，高兴的时候就穿在身上，不高兴的时候就脱下来。——黄秋耘

无独有偶，我不禁想起几年前发生在教育界的一件事情。有一个老师在上课的时候，出了这样一个题目：春天是什么？老师的话音刚落，许多学生纷纷举手发言，答案丰富多彩，比如"春天是冰雪融化后的美丽"、"春天是春姑娘的妈妈"、"春天是花开鸟鸣的季节"……最后，老师宣布只有一个同学答对了题目，即"春天是一年四季中的一个季节"。当我看到这则新闻时，一阵心酸，我为老师的"刻板"而愤慨，不得不产生这样的疑问：为什么那么多富有诗意和创意的答案都是错误的呢？难道老师对学生答题的评价仅仅依靠"标准答案"吗？

实际上，**答案只是一种参考，任何学科都没有标准答案，即使理科也一样**。很多人都梦想进入英国的牛津大学学习，校方对新生都要进行一次面试，问题涉及各个学科，但每个问题均没有标准答案，校方只想通过面试了解学生的思维能力，如此而已。

随着人们文化水平和批判意识的增强，越来越多的家长开始质疑孩子考试中的"标准答案"问题。2011年1月，《扬子晚报》报道，有一个叫zhangyx的网友看了儿子的小学考试卷后，对老师的批改情况很不满意，他在网上发帖质问：为什么小学语文有那么多的"标准答案"？这位网友举了以下几个例子。

1."一个春天的夜晚，一个久别家乡的人，望着皎洁的月光不禁思念起了故乡，于是吟起了一首诗：（　　　　）（　　　　）"

他的儿子答的是："举头望明月，低头思故乡。"老师给了一个×。

标准答案是："春风又绿江南岸，明月何时照我还？"

2."《匆匆》这篇课文，是现代著名作家朱自清先生写的，同学们都很喜欢这篇散文，你能把自己最喜欢，印象最深刻的一句写下来吗？"

他的儿子写的是："我的日子滴在时间的流里，没有声音，也没有影子。"但后面又是一个好大的×。

标准答案是："但是，聪明的，你告诉我，我们的日子为什么一去不复返呢？"

3."请用一句话说明'π'的含义。"

他的儿子回答的是："π的含义是圆周率。"

标准答案是："π是一个在数学及物理学领域普遍存在的数学常数。"

如果读者朋友碰到这样的情况，你又会怎么想呢？我们再来看一则新闻。2011年3月，《新京报》报道两会期间，全国政协委员、天津市河西区教育局副局长孙惠玲给在座委员们出了一道孩子考小学试题：1，3，5，7，9；2，4，6，8是按照奇数、偶数来分。那1，3，7，8；5，9；2，4，6是按什么分类的？结果在座身为教授、副教授和大学老师的委员们，没有一个人能给出所谓正确答案。

出乎意料的是，这道题的正确答案是"（数字）按照拼音来分，1，3，7，8都是一声，5，9都是三声，2，4，6都是四声"。这里涉及声韵学知识，即所谓的"跨学科"答案，也即所谓的创新题目。可是，这样的创新有必要吗？

类似的案例还有很多，比如诗人邹静之的女儿在读小学时，碰到一个问题："关于思想一致，共同努力"改成成语是什么？邹静之告诉女儿答案是"齐心协力"，结果老师批为错误，因为标准答案是"同心协力"。这样的答案同样匪夷所思，令人难以赞同。

2011年6月，福建省的高考语文试题中有一篇阅读文章叫《朱启钤："被抹掉的奠基人"》，原作者林天宏得知后，将这篇文章的阅读试题做了一下，结果一查标准答案，只得了一半左右的分数。"80后"作家韩寒的文章《求医》一节被选入中学语文阅读题，他也曾做了细致的解答，8道题只做对了3道，甚至选错了"画线句中作者想要表达的意思"。韩寒对此曾评论说："我真弄不明白为什么中国的语文喜欢把别人的文章一字一句加以拆解，并强行加上后人的看法，或者说是出题人的看法。"

我想，试题是应该有答案，但不应该是"标准答案"，或将"参考答案"允当"标准答案"，这些都是可怕的做法，会对学生的思维产生意想不到的副作用。

"标准答案"不是好东西，它会禁锢孩子的思维，扼杀孩子的求异思维和创造力。 我们都知道，每个孩子都有一定的想象力和创造力，如果孩子长期生活在"标准答案"的训练下，那他终究会变成生产流水线上同模子的零件，没有了自己的思维特点。2010年11月，《重庆晚报》报道说，在全球21个受调查国家中，中国中小学生的想象力居倒数第一，创造力为倒数第五。

中小学生的想象力和创造力低下，从侧面反映出当下教育的滞后，尤其是"标准答案"严重束缚了孩子们的思维。著名科学家爱因斯坦说："想象力

比知识更重要，因为知识是有限的，而想象力概括着世界上的一切，推动着进步，并且是知识进化的源泉。"人的想象力和创造力是无穷的，但因为"标准答案"而使孩子们在回答时变得束手束脚，总被习惯思维牵着走。

"标准答案"的存在，最大的危害是使孩子丧失了独立思考能力和批判精神。法国哲学家帕斯卡尔说："人只不过是一根芦苇，是自然界最脆弱的东西；但他是一根能思想的芦苇。"可见，一个人存在于世，最重要的是独立思考能力和批判精神。如果孩子们不具备这两样东西，那在日后很容易成为没有主见、人云亦云的奴才，而不是一个独立、能够顶天立地的"人"。

当然，由于孩子们长期在"标准答案"下生活，也会滋生懒惰的习性，越来越多的孩子对答案有了依赖性，而不愿意甚至不喜欢用自己的脑子去思考问题。

话说回来，考试只是评价孩子的一种方式，考试的目的不是扼杀孩子的想象力、创造力、独立思考能力和批判精神，而是最大限度地激发孩子的学习兴趣，拓展孩子的思维，最终培养孩子的独立性。

如果家长碰到这类情况，可以和老师沟通一下，谈谈自己的看法，让老师尽可能保护孩子的想象力和创造力。在这种情况下，很多家长肯定心里不服气，但最好以平和的语气和老师交谈，探讨这方面的问题。家长也可以通过新闻媒体或网络等平台，展示自己的疑惑，让更多的人关注"标准答案"这一问题。

因为在当下，我们都无法改变考试制度，但唯一能够改变的是对孩子学习的评价方式，我们期待一个多元的、更有利于孩子成长的评价方式出现，让孩子变得更有活力，充分点燃思想的火花。

贴心提示：怎样培养孩子的想象力

孩子拥有想象力是好事，家长应做一个有心人，多培养孩子这方面的能力。有这样一些做法，不妨借鉴一下。

◆ 善于发现孩子的想象力。孩子在玩耍、游戏和提问中，都有可能展现出独特的想象力，这些情况都应该在家长的视线范围内。

◆ 尊重孩子的想象力。有些孩子表现出独特一面的时候，家长觉得很不耐烦，很可能拒绝或打断孩子的问题，这在无形中扼杀了孩子的好奇心理。

◆ 多给孩子玩一些智力游戏，开发孩子的想象力。有时候，家长可以给孩子买些游戏类玩具，比如拼图、棋类、积木等。

◆ 教孩子学会幻想。家长在生活中，可以引导孩子反面思考，以"假如……"开始，让孩子发挥想象。

青春期并不是危险期，而应当是人生的成长期、发展期。——泰戈尔

巧妙应对老师的不情之请

有时候，孩子们跟我聊起学校的老师，在他们眼里，既有好老师，也有坏老师。孩子们都喜欢好老师，喜欢那些教学水平高、幽默又会关心人的老师。对那些严厉而冷漠的老师，孩子们则不是很喜欢，因为这样的老师经常吓唬他们。

的确，社会上也有一些坏老师。但是，我要说的坏老师并非孩子们眼中的那样。有一天晚上，我接到一个电话，对方是一位孩子的母亲。她说碰到了一件麻烦事情，孩子的班主任给她家送了好多贵重的礼品，什么洋酒、高级补品和化妆品，不知道该怎么回绝。

我问："老师为什么要给您送礼啊？"

她想了好一会儿才说："我也不大清楚，可能跟我老公有点关系吧。"她继续说："我们第一次送孩子上学的时候，还特地找老师交流，当时我老公也在。老师就问起我们在哪个单位工作，我老公说自己在办公司。"

我又问道："这又有什么关系呢？您看现在的老师都属于公务员性质了。"

家长说："当时，孩子班主任说做老师没前途，工资又不高，人又辛苦，说想去外面闯荡。当时，我们也没怎么在意这件事情。只是我们临走的时候，我老公说了一句客套话：'以后有什么需要帮助的，可以找我'。可是，从这学期开始，老师就经常给我们打电话，还谈到家庭压力非常大，说做教师没有出头之日。"

"那老师什么时候开始送礼的？他送礼的时候说了些什么？"我继续问道。

她说："送礼是从这星期开始的，他只是说现在做家长比做老师更加不容易，说自己要做第一个感谢家长的人。他这么一说，搞得我们很不好意思。"

我想了想说："看来，老师给您送礼是有名堂的。我还是第一次听说有这么一回事，而且可能是老师真的有求于您。"

家长急忙问："那我们应该怎么办呢？说实在的，我们不知道能不能帮他，也不知道该怎么帮他。如果老师想到我们公司工作，我们倒也愿意，就担心会毁了他的前程。但是，老师给我们送礼，我们都觉得很过意不去。说来惭愧，我们平时把孩子交给老师，可没给老师送过礼。"

听家长这么一说，我倒有些不知所措，因为我还没处理过这样的事情。假如我要求家长当面拒绝老师的礼品，怕要伤害老师，进而伤害到孩子。果然是世界之大，无奇不有。以前，我只听说过家长给老师送厚礼，但从不知道还有老师给家长送礼的事情。后来，我一调查，发现的确存在这样的现象，有些老师为了自己能够升职，常常给在政府机关当领导的家长送礼；也有些老师想进入商界，会悄悄地给当企业老板的家长送礼。

我们都知道，送礼是托关系、走后门的一种重要手段，所谓吃人家的嘴软。于是，我又对那位焦虑不安的家长说："您不妨找个机会，和老师谈谈，听听老师的想法。"

家长问道："我也是这么想的，那我应该怎么和老师说呢？有没有好的方法？"

我说："沟通的时候，最好从孩子的学习谈起。您可以选一个离学校比较远的又比较安静的环境，比如咖啡馆、茶室等。因为老师有心事，他又不大愿意让其他同事或朋友知道。选择这样的环境，会让老师感觉比较安全。交谈的时候，您可以多谈谈孩子的学习，借此机会感激老师。因为每个人都有虚荣心，可能某些人的虚荣心更加强烈一点。如此，能够得到对方的认可，便于深层次沟通。然后，您可以引出老师送礼的话题，因为老师的礼物让您感到很过意不去。最后，您要表明自己的立场，即使老师想让您帮忙，也没必要送礼，尤其是送了那么多贵重的礼物。"

家长听后，忙说："那我去试试看。我们很想把礼物退还给老师，不知道怎么退？我怕当面退还，会让老师有意见。"

我听后，笑了笑说："其实，退还礼物也很简单呀。您可以把全部礼物都退还给老师，但退还的时候要注意分寸，您可以买一些小礼物和这些礼品一起送给老师，当作感谢老师。您这样做，老师也不会觉得难堪。"

家长说："好的，我知道怎么做了，谢谢您。"

家长挂了电话，我总算松了一口气。可是，我又觉得似乎还有问题。我在想，假如礼物被退还之后，老师心里不舒服怎么办？比如有老师很想让家长帮忙，可却遭到家长委婉拒绝，会不会影响到孩子呢？

几天之后，我的担心变成了现实。那位家长再次跑来找我，又跟我谈起这件事情。她说已经把礼物退还给老师了，可老师对孩子的态度有了变化。从

那以后，老师没有再给他们送礼，也没再打电话给他们。即便孩子在学校得了奖，老师也没有像以前那样亲自打电话给家长报喜。令人不可思议的事情还在后头，老师不再像以前那样热情地对待她的孩子，就连上课都不叫她的孩子回答问题。

听家长这么一说，我叹了一口气，既为孩子感到担忧，也对那位老师的做法感到很不理解。那位家长说："我现在该怎么办才好？我的孩子要不要转学呀？如果这样下去，我最担心老师忽视孩子。这样，孩子也会有压力。"

我说："遇到这样的老师，确实有点麻烦。您可以再次约老师出来喝茶聊天，可能要多次约，他才会答应。您和老师谈谈自己的人生经历，特别是您老公的创业经历，其目的是让老师敞开心扉谈谈自己的心声。比如可以这样说：'我们遇到很多艰难险阻，也很想有人来帮帮我们，可就是没人出现。我们也曾想能够做老师，因为有一份稳定的收入，可我们没这样的条件，只得自己打拼了。'只要老师愿意倾诉，那后面的事情就比较好办了。"

那位家长的事情可谓一波三折，但最后也总算解决了这个问题，还听说那位老师想到家长的公司谋个高层职位。经过一番坦率的交流，彼此之间消除了隔阂，老师也恢复了往日的笑容。

遇到老师的不情之请，家长切勿紧张，应通过对话了解老师的所为。**家长可以帮助或拒绝老师的请求，但不能违背做人的基本底线，应给予老师更多的精神安慰，协助老师走出困境。**

后来，我专门关注起这类有报复心理的老师。比如有老师因为和家长意见不合，让班级里的其他孩子不跟家长的孩子玩；有老师因为遭到家长投诉而报复孩子；有老师因为要报复家长，将孩子的耳朵打聋。这样的例子还有一些，假如家长遇到这样的老师，不可避而远之，要想办法沟通。

我们先了解一下有报复心理老师的特征：（1）目光犀利，沉默寡言，表情冷漠，仿佛跟你有深仇大恨似的。当然，有的人也会深藏不露，不轻易把感情显示在脸上。（2）有攻击性行为。有报复心理的人，随时都有可能爆发出攻击性行为。（3）内心脆弱，有强烈的挫折感和渴望他人信任。但同时，这类人的内心深处积压过多的怨恨情绪，有报复社会的心理。

把握他们的心理之后，家长可以运用一些合适的沟通技巧进行交流。除在本书其他章节提到的沟通技巧外，我在这里还要多提几个建议。老师对家长有了报复心理，难免有"冷战"情绪，家长要主动打破僵局，从孩子的成长谈起，进而谈及老师的优点，同意老师的某些观点，由此找到沟通的共同话题。

另外，家长在沟通时，态度要谦和，多以请教的语气交流，比如"您觉得该怎么办？""我和您一样焦急不安，不知道以后该怎么管好孩子。""谢谢老师对孩子的辛苦培育，真不知道少了老师的关心，孩子会不会还像以前一样认真？"……如果老师有回应，那就有了沟通的可能性。

当然，家长在沟通时，应该卸下防备心理，不要给老师提太多太高的要求，以免让老师对家长有看法。我想，**人毕竟是情感动物，需要彼此相互理解和体贴，也只有在这样的情况下，家长和老师才能走在一起**。即使在生活中遇到有报复心理的"坏老师"，大家也能和睦相处。

贴心提示：老师通过孩子间接向家长求助怎么办

有时，老师会向孩子直接求助，比如老师的家人、亲朋好友想让学生家长帮忙。这时，家长应该怎么应对呢？

◆ 家长要分析事情的性质。如果不涉及公事，比如老师向家长借钱，从法律角度来说，家长可以拒绝，否则，就必须承担借钱的风险。如果事情涉及公事，已构成托关系、走后门性质，家长可以依据自己的原则拒绝老师的要求。

◆ 家长在拒绝老师时，最好能说明情况，态度委婉。

◆ 和孩子探讨此类问题的处理方式，这也是对孩子的人生观教育。

◆ 家长要礼貌待人，可让老师直接联系自己，最好不要对老师的求助不理不睬。

有健全之身体，始有健全之精神。　　——蔡元培

当你难以接受老师的价值观

诚然，家长和老师也有思想上的冲突，因为价值观的不同而出现各种分歧。有时候，当老师的价值观难以被家长接受的时候，我们又该怎样对待呢？

老师常在课堂上讲爱情故事

有一位家长曾多次找过我，说起孩子老师的事情。

最近，我发现孩子变化很大，出门前总爱照镜子打理头发。有一天下午，孩子放学回家，像小鸟一样飞进房间，非常得意地说："妈，今天老师给我们讲了徐志摩和陆小曼的故事，好美丽的爱情故事啊。"孩子的这一感叹，让我大吃一惊。

当晚，我和孩子聊了很长时间。孩子告诉我，她的语文老师特别喜欢在课堂上讲爱情故事，常常一讲就是半节课，孩子们听得如痴如醉。我的女儿也受了老师的影响，特喜欢看言情小说。现在，孩子已上初二，我们家长很为孩子无心向学而感到担忧。

我能理解那位家长的焦急心情和她的担忧，但老师在课堂上讲爱情故事会影响孩子学习吗？老师能不能在课堂上讲爱情故事呢？

早在2006年的时候，上海部分中学的初三语文实验教材中专门设立"爱情如歌"的单元，选取的文章为苏霍姆林斯基的《给女儿的信》、舒婷的《致橡树》、普希金的《致凯恩》、苏童的《老爱情》、夏洛蒂·勃朗特的《因为我们是平等的》、公刘的《只有一个人能唤醒它》和秦观的《鹊桥仙》。此举一出，引发了社会争议，许多家长担心老师会将孩子引向"早恋"，老师也担忧该如何组织设计教学。有一个初三女生的家长这样告诉记者："我觉得开设爱情单元毫无必要。这些爱情的范本，学生完全可以从其他方面获得。学生还是应该以学业为主，专门在课堂上讲授爱情显得有些不伦不类，甚至会引导一些不想这方面事情的孩子会专想'恋爱'。"

家长的疑惑具有代表性，就担心这样的教育会适得其反，对孩子造成不好的影响。但我认为，**爱情是人类情感的自然表现，与其采用封堵的方式禁止孩子谈恋爱，不如以正确的方式疏导**。为此，该教材的主编范守纲教授认为："我们设立这个单元，就是要多角度告诉中学生爱情是什么。比如《给女儿的信》，说明了爱情的内涵是什么；《因为我们是平等的》则说明爱情需要相互尊重。

把这么多描写爱情的名篇集中在一个单元,是为了让教材更贴近中学生的身心发展,帮助他们了解人类最美好的情感。"

老师该怎样向孩子传播爱情知识,这是一个非常棘手的问题。传播爱情知识并不是越早越好。老师可以在孩子青春期到来的时候,适当地向孩子讲解爱情观和古往今来的经典爱情故事,帮助孩子树立正确的价值取向,培养健全的人格。过早或过迟向孩子传播爱情知识,都有可能失去教育孩子的最佳时机。

此外,老师不鼓励孩子去实践。老师可以向孩子传播爱情知识,可以把爱情当作人生中美丽的果实,但最好别过早地引导孩子去实践。

所以说,传播爱情知识是必要的,因为爱情也是一门功课,但要注意时间和场合,家长也没必要为此而忧心忡忡。

令人难以理解的人生观

有一段时间,江女士为孩子上学的事焦急不安。据江女士反映,孩子在读小学五年级,班主任经常在课堂上向孩子们灌输他的人生观。按道理说,老师能给孩子进行人生观教育无可厚非,但江女士担心老师会将孩子引入人生歧途,她告诉我这样一个秘密。

> 有一天,孩子放学回家,突然冒出这样一句话:"妈,为什么爸爸不去政府上班呀?"当时,我没怎么在意孩子的话,就敷衍了一句:"傻孩子,以后看你努力了。"孩子又说:"老师要我们以后去当官,说当官有权有势。老师还要我们做超级大富翁,像比尔·盖茨那样有钱。老师说,那些普通工人、白领都没前途,只会一辈子替人家打工,爸爸是不是也这样?"

> 我还是第一次听孩子说这样的话,一下子蒙了,不知道如何作答,便问了孩子一句:"老师都这样跟你们说的?"孩子告诉我,他的老师经常炫耀认识不少政府官员和成功商人,还将自己和这些人的合影拿到教室宣传。听孩子说,老师还鼓励孩子们学会人际交往,比如学会给人送礼、吹牛、溜须拍马、与有权势的成功人士交往……

江女士的担心不无道理。孩子毕竟还小,尚不具备独立思考的能力,很容易被人错误诱导。虽然老师的出发点是为了让孩子有一个"成功"的未来,但这样的观点依然是片面的,因为"成功"不仅仅是当官或发大财,因为这样的人毕竟是少数,即我们平常所说的"边际效应"。但社会同样需要作家、学问

幽默被人正确地解释为"以诚挚表达感受,寓深思于嬉笑。" ——马克·吐温

家、法学家、艺术家……即便这些人没权势，甚至没地位、没金钱，但他们依然很成功。其实，大多数人都比较平凡，在默默地奉献自己的青春，但这些人照样是"成功者"。

前一阵子，有新闻报道，北京师范大学某教授在微博上放言："当你40岁时，没有4000万身价（家）不要来见我，也别说是我学生。"此言一出，立即在网络上引起了强烈反响，有不少网民认为老师不能用财富多寡来衡量学生的前途。最后，该教授回应了自己的说法，称"4000万的言辞仅为励志"。可见，老师的某些人生观并非完全正确，也有不被家长认可的时候。遇到这种情况，家长应该及时找老师沟通，看看能否找到恰当的人生观教育。

老师很"愤青"

如果孩子遇到"愤青"老师，家长该怎么办呢？"愤青"一词是"愤怒的青年"的简称，出现于20世纪70年代，指那些对社会现状不满的年轻人。社会上的确存在这样的青年老师，可能也会在课堂上发发牢骚。我记得有一个家长，曾跟我说起这样一位"愤青"老师。

> 孩子在读初二，对很多社会问题都感兴趣，常常跟我们说起社会上的一些阴暗面，说着说着，便愤怒地说："我们的教育太黑了。"我们大为吃惊，不知道孩子中了什么邪。后来，我问孩子："你怎么知道那么多社会新闻？"孩子洋洋自得地说："我们老师说的，老师经常跟我们说社会真相。有时候，老师还会当着大家的面发牢骚呢。"对于这位老师如此"愤青"，我也早有耳闻，想不到他竟成了我们孩子的老师。看着孩子学起老师的样，变得愤世嫉俗，我真想跑去学校找老师谈谈。

那个家长说完之后，长叹一声。我想，老师很"愤青"一定有其原因。实际上，每个人都会经历"愤青"阶段。"愤青"老师的确很有个性，有个人的思想，能说真话，爱发牢骚，但这样的老师有一些缺点就是缺乏理智，喜欢死钻牛角尖，对问题的看法常常以偏概全，缺乏分析论证。存在"愤青"并不是坏事，但"愤青"太多，势必会使整个社会缺乏理智。

我们应理解老师的"愤青"情绪，但不赞成"愤青"老师大肆宣传他的观点都是正确的，而应引导孩子学会理智思考。

我知道，家长担心的不是老师的某些观点存在错误，而是担心老师的言行会误导孩子，使孩子走上歧途。

作为家长，要理智分析老师的言语，不可武断地认定老师的观点有问题。很多老师跟孩子熟悉后，喜欢跟孩子说说心里话，难免会夹杂一些个人情感，比如大发牢骚。有些家长可能还认为，老师在课堂上尽讲些和课文内容无关的东西，会影响孩子的学习。其实不然，老师能在课堂上多讲些课外知识，对开阔学生视野非常有帮助，但也需要有个度。

家长应及时引导孩子多角度思考问题。家长发现问题之后，最好找孩子聊聊天，和孩子一起分析老师的观点，并让孩子说说自己的观点。当然，家长也不能将自己的观点强加给孩子。这样做有两个目的，一是抓住时机着重培养孩子的思辨能力，让孩子能够多角度看问题，因为独立思考对孩子的成长非常重要。二是不对老师产生仇恨心理。有些家长发现老师向孩子灌输某些观点时，十分紧张，常常怪罪老师，使孩子开始不信任老师，甚至仇恨老师。

有一次，一个读初一的孩子告诉我，他的老师在课堂宣传2012年毁灭论，孩子很不解地问我："老师说地球将在2012年毁灭，这是真的吗？老师还说地震、火山频繁发生是毁灭的前兆。"

我听后，决定与孩子来一次辩论。我先让孩子陈述自己的观点，很显然，孩子已经深受老师的影响，双手赞成老师的观点。

然后，孩子把老师所列举的证明材料一一拿出来论证，比如中国的西南地区的强地震、智利和日本大地震、冰岛火山喷发、亚洲各国火山喷发、"超级月亮"等。

孩子的论证似乎很有条理，我耐心地听着。紧接着，我开始对孩子的论证进行详细的分析和反驳，并让孩子参与思考。

我说："任何事物必然会走向消亡，但什么时候消亡是偶然的，我们没办法预测地球会在哪一天毁灭。如果预言离开了推理论证，便带有主观臆测现象，很难真正令人信服。如果这样，任何人都可以预言在200年后，地球将不复存在。"

孩子将信将疑地看着我，似乎在想什么。如果我的话能促使他思考自己的问题，我就已经成功了一半。

经过一番探讨，孩子得出了自己的观点，他说："看来，我得自己来收集资料论证2012年地球会不会毁灭了。"

诚然，老师有个人自由言说的权利，但如果老师执意要将自己的观点强加给孩子，并让孩子服从他，并鼓励孩子去实践，都是一种赤裸裸的洗脑行为。比如，老师向孩子灌输邪教思想，这就比较危险了。所以，如果家长发现老师向孩子灌输错误的言论，那就需要沟通交流了。家长不但要毅然制止这种行为，还要告诫老师注重自身的形象，因为这不但会影响孩子对老师的评价，还可能影响到孩子的人生道路。这时，家长也要尊重老师的人格，可以让老师多从孩子成长角度思考问题。

贴心提示：孩子发现老师错了，家长该怎么办

　　老师所犯的错误大致有这样一些：言行不一、胡乱训人、犯错却不承认等。这些情况都有可能使孩子对老师产生不满，一旦家长发现了，可以借鉴下列做法。

　　◆ 要帮助孩子分析老师的错误所在，让孩子明白老师不是圣人，同样会犯错。

　　◆ 老师有错误，家长和孩子同样需要指出，力求把自己见到的事实陈述出来。

　　◆ 不在公共场合指出老师的错误，家长和孩子还可以通过信件、邮件、短信等方式指出老师的错误。

　　◆ 给予老师认识错误的时间。有些老师可能一时疏忽，没有及时发现错误，但在下一次讲课的时候，可能会纠正错误。

　　◆ 不嘲讽老师犯错，比如不能说："老师怎么这样……"的语句。

第二章　都是老师的错吗

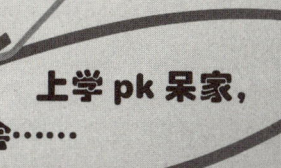

上学 pk 呆家，我会……

- 在家里呆着，自主学习
- 上学呆家会影响学习，变得懒散。上学可以丰富知识和经验。
- 我会待在学校，因为待在学校有什么问题可以问老师。
- 呆家时我会想上学，上学的时候想呆家。
- 去上学，因为在家没有人陪我玩。
- 我会两个都选择，因为在家里不能学习，但是有父母陪伴。上学的时候能够增长知识，和同学玩。
- 上学跟呆家，我宁愿在家里睡懒觉、吹空调、玩电脑、看电视、吃零食……
- 我愿意呆家，不愿上学，但为了学到知识，还是要上学。
- 上学会累但快乐，在家舒服又能随便玩，我两个都喜欢。

我心目中的理想学校是……

- 学为辅，玩为主。
- 环境好，教学好，还有食堂好。
- 着装让人心情愉快，玩时让人快乐无比，睡觉让人进入美梦……
- 注重实践和为未来职业生活做准备的，而非应试化
- 要有文明的校风，性格开朗的同学，教学质量要好。
- 学校里一应俱全，美得像变魔法变出来的样。
- 不上课，不考试。
- 只上电脑课和体育课的学校
- 我心目中理想的学校是贵族学校，如清华、北大，还有医学院。

说话的三条底线：一、力图说真话；二、不能说真话，则保持沉默；三、无权保持沉默而不得不说假话时，不应伤害他人。　　——钱理群

教师节写给老师的投诉信

每年教师节前夕，总有父母过来咨询，向我打听如何和老师沟通的问题，并想借此机会问候老师。现在的家长这么重视教师节，也体现了家长对老师的尊重，是社会进步的表现。

有一年教师节前，我碰到了一个特殊的家长。来的是奇奇妈，她想给老师写一封投诉信作为教师节的礼物。我当时很纳闷，为什么要在教师节给老师写投诉信呢？

奇奇妈一进门，似乎就有说不完的话。她跟我谈起孩子的事情。她的孩子奇奇上小学四年级第二学期的时候，班级里换了一个数学老师，是一个年轻的男老师。老师第一天在奇奇班上课时，出了很多脑筋急转弯题目，说要"发散同学们的思维"，说要给每个同学一次回答问题的机会。

老师刚把题目抛出，班里的孩子就争先恐后地举起手来，奇奇把手举得老高老高的。老师出了一个又一个题目，奇奇着急地看着老师，总以为老师会叫到他。一次没被叫到，又一次没被叫到，奇奇周围的同学都一个个地被老师叫到了，当老师的目光落在奇奇身上的时候，奇奇非常兴奋地想站起来，可老师偏偏叫了奇奇的同桌回答。一节课很快就过去了，奇奇的期望一次又一次落空了，心里有说不出的委屈。放学回家后，奇奇闷闷不乐地坐在家里写作业，唯独不写数学作业。奇奇妈就好奇地问孩子："今天怎么不写数学作业了？"孩子看了看数学作业本，又不好意思地回头看了看他妈妈，很伤心地问妈妈："为什么新的数学老师不叫我回答问题？"奇奇妈为之一怔，她不知道孩子在学校发生了什么事情。

奇奇把事情的经过告诉了他妈妈，奇奇妈心里倒觉得孩子没什么错，嘴上却说："你这孩子，可能老师知道你会回答，就没叫你了，以后不许对老师没礼貌。"

一个学期过去了，奇奇的数学成绩一退再退，由原来的90多分退步到40多分，奇奇妈感到非常不理解。在这种情况下，父母通常不会怪罪老师，而会认为自己的孩子没有认真学习。为此，奇奇妈还给孩子请了家教老师，每天晚上给孩子补课，可这样的效果依然不好，奇奇妈发现孩子更加不喜欢数学了。

孩子上五年级了，奇奇妈开始焦急不安，很想找老师谈一谈，但又怕自己说错话，于是就过来问我该怎么办。我说，如果家长真的想和老师交谈，那最好是面谈。其次，给老师写封信也是一个不错的方法。

写信是一种比较好的沟通方式，现实中有些没法当面说的话也可以在书信中表达出来。**写信这种沟通方式，可以让家长与老师之间进行比较充分、全面、理性的交流，是一种非常重要的沟通途径。**

有时候，孩子不适应上学环境。比如孩子第一次进入新的环境上学或者换老师了，如果孩子不能一时适应下来，那将是非常麻烦的事情。家长在这个时候，应主动和老师取得联系，如果没有机会和老师面谈或电话交流，那最好是给老师写一封信，将孩子的性格特点、孩子的优点和缺点、家长对孩子的目标期望以及家庭的辅导情况告诉老师，与老师进行尽可能充分的沟通。

有的家长由于性格原因或时间关系，虽然能够常见到老师，但他们不太善于和老师进行面对面的交流，而是喜欢坐下来把自己的想法和意见写出来，考虑的问题也会比较周全。在这种情况下，写信就是一种最重要的沟通方式了。

有些家长想感激老师对孩子的照顾，想以书信的方式将自己的感激之情表达出来；有些家长因为和老师有矛盾，想找机会道歉，写一封道歉信会更好地将自己的歉疚传达给老师；有些家长由于对老师的教育方式有意见，又怕当面说，可以采用书信的方式把自己的想法告诉老师。

实际上，奇奇妈最关心的还是怎样给老师写信，信中应该写些什么内容。如果我是奇奇的家长，我首先会感谢老师的辛勤教育，这是礼貌问题。然后，以委婉的语气告诉老师孩子学习的具体情况，分析造成孩子不愿学习的原因。即使是因为老师的缘故，家长也应该如实地指出。接下来则以商量的方式向老师提几个建议，比如能否多关注一下孩子。孩子处于青少年时期，最在意父母、老师和朋友的关注了，大人稍不留神，可能就忽视了孩子，而给孩子造成了心理压力。最后，家长可以再次感谢老师的帮忙，期待孩子的进步。这样的信比较合情合理，即使是一个脾气暴躁的老师看了之后，也愿意静下心来思考孩子的问题。

家长的投诉旨在维护孩子的受教育权利和其他权利。**如果是老师不对，家长完全有理由投诉，比如老师工作懒散、素质低劣、教学能力差、违规收费、辱骂体罚孩子等。**投诉老师要依据事实说话，不诽谤老师，不对老师进行人身攻击。投诉老师，重要的是为老师指出错误，促使老师反省，并改正错误。

家长在投诉老师之前，先尝试与老师沟通，看看能否在对话中解决问题。

世界上只有弱者、失败者或自叹不如人者才嫉妒。——柏杨

如果老师执意不改正错误，那家长完全有权投诉老师。一般情况下，如果老师的行为问题不是很严重，家长可以直接给老师本人或校领导写信（最好是匿名信件）投诉。如果老师的行为问题比较严重，那家长可以通过报纸、电视、网络等媒体投诉，切忌利用张贴或发放传单的方式投诉老师。必要的时候，家长也可以通过集体抗议的方式投诉老师，这在西方社会比较常见，因为这也是走向对话的良好途径。

几天后，奇奇妈带着信过来找我，叫我帮忙修改。这封信是这样写的：

敬爱的老师：

您好！我是奇奇妈，首先提前祝您教师节快乐！听奇奇说，您是一个年轻有为的数学老师，可孩子的数学成绩不是很好，怕是给您添麻烦了。

奇奇已经和您相处半个学期了，从我们家长的角度来看，奇奇的数学学习情况不是很好，有不少问题已经暴露出来，还需要麻烦您和我们家长一起，多费一些心，争取让奇奇的学习成绩有所进步。

您可能也知道，奇奇以前的数学没有像现在那样糟糕。根据我们对孩子的了解，这孩子有一个特点就是喜欢老师关注他，老师稍微不关注他，心里就有意见。听奇奇说，您在上第一节课的时候，没叫他回答问题。您瞧，这之后，孩子对您就有看法了，还说您抛弃了他。

有一次，奇奇在家做作业，我问他为什么不喜欢做数学，他支吾着不回答。要知道他以前可喜欢数学了，一到家就先做数学作业。当时，奇奇想了想说："连老师都不要我，我还要这数学干什么！"我听后，扑哧一笑，真不知道这孩子到底怎么想的。

在孩子与您相处的半个学期里，他对您有过期待，期待您能关注一下他。可是，不知道是什么原因，您一连两个月都没有关注过他。后来，他失望了，不再是以前那个虚心好学的奇奇，他开始怨恨您。有一件事情，您可能还记得，上学期期中考试之后，奇奇的数学成绩只有56分，奇奇说您点名批评了他。孩子一回到家就哭个不停，说老师看不起他。这之后，孩子的成绩是一步步退下来了，作为家长，有谁比我们更急的呢？

我曾经很想找您谈谈奇奇的情况，可我又担心您很忙，怕自己说不好，就想到给您写这封信，把孩子的具体情况告诉您，或许这又打扰您了。眼看着孩子马上就要小学毕业了，人家都说孩子在小学阶段的学习最

第二章 都是老师的错吗

重要的是五六年级，如果孩子错过这个学习机会，那就很难进入初中学习了。有人说，孩子成绩不好可以请家教老师。上学期，奇奇的数学成绩退步很大，我请了个家教老师，但效果不是很好，也没见到孩子的数学成绩有多少进步。我想，再好的家教老师也比不上学校里的老师。再说，请家教老师不仅浪费钱财，而且使孩子渐渐疏离了学校里的老师，这不是一种正确的做法啊。

其实，每一个孩子都相当单纯，您稍微给他点关注，他就会跟您交朋友。您的一举一动，可能都在左右孩子的思想，即使您将目光停留在孩子身上片刻，他也会感到无比温暖。奇奇这孩子有点任性，对老师有点小意见，就一直往心里去，他才不懂得什么叫后果呢！希望老师不要介意，孩子对您有意见，说明孩子还挺在乎您的，他从内心深处渴望得到您的关注和赞许。

孩子还小，他不懂事，恳请老师多费点心，多关注一下，哪怕是让他回答一个小问题也好，或者让他帮您做点事情。

老师，您辛苦了。有这么好的老师，我真的很感动。我们家长在这里再次感谢您。趁现在还是五年级的开学初，孩子的学习兴趣比较浓厚，再次希望老师在忙碌中关注一下奇奇！再次拜托，再次谢谢！顺颂

教安！

家长：×××

×年×月×日

看了奇奇妈的信，我会心地笑了笑，因为这已经是一封比较委婉而有礼貌的投诉信了。如果家长遇到像奇奇妈那样的情况，不妨借鉴一下这样的书信写法。

当然，不是每一个老师或者家长都喜欢或者愿意接受写信这种沟通方式，有时候自己写出的信没有反馈或者通过其他方式得到了回应。我觉得这不要紧，重要的是把孩子的实际状况和动态给老师进行了通报，把自己的想法坦诚地讲了出来，一定会在老师的心里留下痕迹，让对方自觉或不自觉地去注意这些问题。这样，至少部分达到了沟通的目的。

亲爱的读者，如果您在生活中碰到了麻烦事，那请大声说出您的不满吧！学会如何投诉老师是每一个家长的职责。**在现代社会，家长不能只做一个逆来顺受的好人，要敢于做一个善于表达自己心声的主人，切实维护孩子和自己的**

所谓真话不是指真理，也不是指正确的话。自己想什么就讲什么，自己怎么想就怎么说——这就是真话。 ——巴金

正当权益。如果每个家长都能够觉醒起来，以现代公民的要求对待自己，热情参与学校教育，整个社会的教育氛围将会更加浓厚。

> **贴心提示：做个知法守法的好家长**
>
> 在人际交往中，人们通常用发脾气向对方表达不满，但这样的表达方式显然有失风度，也可能触及法律。
>
> ◆《中华人民共和国刑法》第二百四十六条规定："以暴力或者其他方法公然侮辱他人或者捏造事实诽谤他人，情节严重的，处三年以下有期徒刑、拘役、管制或者剥夺政治权利。"第二百九十三条规定："有下列寻衅滋事行为之一，破坏社会秩序的，处五年以下有期徒刑、拘役或者管制：（一）随意殴打他人，情节恶劣的；（二）追逐、拦截、辱骂、恐吓他人，情节恶劣的。"
>
> ◆ 当家长和老师有矛盾时，最好站在法律角度处理问题。家长在表达不满情绪时，可以采用轻松的语言对老师说："你瞧我这孩子，又给老师添麻烦了。我们知道老师很辛苦，为孩子付出了很多努力，可孩子现在出现这样的情况，我们很担心，想必老师更担心。"
>
> ◆ 家长也可以直接表明自己的想法："我能理解老师这样做的出发点是为了孩子好，可这样的做法难免伤及孩子，不知道老师是否想过呢？"

谁错怪了老师

人际交往中难免有误会，谁都有可能错怪对方，如果处理得当，则将会皆大欢喜。有时候，家长也会误解老师。

曾经有家长向《扬子晚报》报料，说是自己的孩子中午在校吃中饭。口味和菜的质量均不佳，孩子吃不饱。孩子一开学就向学校老师反映过，但没有解决问题。

为此，记者赶到学校了解情况，恰好有另一位家长也赶到学校要见负责午餐的老师。这位家长对记者说，孩子回家后闹着要退餐，说学校的菜不可口。

对此，校领导大感不解，当场便请家长和记者品尝，饭盒里有烤鸡柳、白菜、豆腐和冬瓜等。这位家长品尝之后惊讶地说："这不是挺好的吗？这孩子怎么了？"

为了使家长和记者放心，学生处主任还带领大家走到每一个班级去观察。这位家长越看越惭愧，因为每个班级的伙食都是不错的，最后忙不迭地向校领导道歉。

随后，记者对部分学生进行了采访，一位学生告诉记者，学校每个月都会给家长一封通知，上面写有这个月午餐的每一天收费情况。被采访的学生说自己在学校吃了将近三年的午餐，没有听说午餐出现任何问题，而且每天都有老师来教室询问同学们对于午餐的满意程度，自己对学校的午餐很放心。在记者采访的其他几位学生中，也没有人对学校午餐表示不满。

孩子抱怨学校饭菜不好不一定都是对的。一旦父母发现孩子在学校不吃饭，或者孩子直接在父母面前抱怨食堂饭菜，父母首先要静下心来，让孩子说出不喜欢的理由。十之八九的孩子都愿意把自己的想法告诉父母，大人可以根据孩子的陈述，理解孩子在学校的遭遇。父母可以找个机会和孩子谈谈心，最好是在饭桌上谈话，一边吃一边聊食堂问题，帮助孩子纠正错误认识。比如可以这样对孩子说："人是铁，饭是钢，不吃饭，怎么能成钢呢？""吃饭不可以挑食，那样会导致体内的营养不均衡，人长得像绿豆芽一样，多可怜啊。"家长还可以用鼓励的话对孩子说："吃饭香喷喷，学习棒棒。"

父母在引导孩子的同时，还可以及时调整家里的饭菜结构，尽可能地向

如果没有最起码的对自我的克制，对对方的尊重、宽容乃至迁就，两个人也许不能快乐地相处一个小时。 ——王蒙

食堂饭菜靠近，为的是让孩子能够慢慢适应食堂饭菜。父母还可以向孩子咨询食堂里饭菜的做法，也可以让孩子一起烧菜做饭，感受做饭的辛苦。

说到底，孩子不喜欢食堂饭菜的最主要原因是心理作用。他们可能一开始就不喜欢在食堂吃饭，认为食堂的饭菜是大锅饭，没有像家里父母做的那样适合口味。孩子在家里时，父母基本上都会尽力满足孩子吃的要求，孩子喜欢吃什么，大人就买什么，似乎家里的饮食以孩子的喜好为中心了。在这样的环境下出来的孩子，他们大都有娇生惯养的特点，对食堂饭菜特别挑剔。

还有，父母可以多和老师沟通，听听老师的意见。有很多老师同样在学校食堂吃饭，对食堂饭菜比较了解，也知道饭菜的口味。当然，家长在和老师沟通时，最好以询问的语气向老师打听学校三餐的饭菜种类和口味。如果家长有时间，还是要亲自去学校看看，亲自了解一下情况，以免产生误会。如果真是饭菜有问题，那更应该和老师交流，还可以向学校领导投诉，维护自身权益。

现在细细想想，家长错怪老师的事情还真不少。有一位家长曾经找过我，向我咨询这方面的事情，觉得自己错怪了老师，问我该怎样补救。事情是这样的：孩子上小学五年级的时候，她去参加学校里的一个家长会，老师把孩子的具体情况告诉了她，而且旁边站着很多家长。老师说孩子上初二后，变得好动，学习静不下心来，经常说谎，还很懒，不想学语数英，三门功课除数学好一点，其他两门都跟不上。老师布置的作业总是不按时完成，但他一点也不担心，照玩不误。老师说孩子还抄同学作业，批评多次也没有效果。当那位家长听了老师的话后，心理极度不平衡，觉得很丢脸面，就反问老师说："我孩子还小，不懂事，但有必要在大伙面前张扬吗？"最后，那位家长愤愤不平地走了。

可是这之后，那位家长发现孩子确实有抄作业的行为，而且经常说谎，她意识到老师说得没错，而是自己一时糊涂错怪了老师。

听完她的陈述，我认为，家长在遇到老师说孩子缺点的时候，有反感情绪是非常正常的。按照心理学家的理解，每个人内心深处都渴望他人的赞赏，身边的人越是赞赏他，他越会感到满足，所以凡是人都喜欢听好话。当老师直接告诉家长孩子有缺点时，就好像是给家长泼冷水，很多家长感到很不舒服。

我对那位家长说:"老师能直接反映孩子的缺点,这说明老师工作非常认真,能将孩子的缺点毫无保留地告诉家长的老师是一个负责任的好老师,你应该为孩子碰到这样的老师而感到高兴。现在的很多老师在家长面前只说孩子优点,却很少提到孩子的缺点。既然老师能够把孩子的不足告诉家长,这正好说明老师很重视您的孩子,很想让家长多关注孩子。俗话说,良药苦口利于病,忠言逆耳利于行。老师的话里虽有刺,但有药的功效,你说是不?"

我接着说:"但老师也有不对的地方,他没有顾及你的感受,最好不要把孩子的成绩当着其他家长的面说,这可能是老师疏忽的地方。"

"那是,我真的错怪老师了,不应该说气话的。那我应该怎么办才好呢?"那位家长急切地问道。我说:"你找个合适的机会和老师聊聊吧。估计老师早就忘记那事情了。我也是老师,我们老师不会因为这个而生家长气的。如果老师没有宽大的心胸,那还不被那么多学生和家长气死?"

我们家长容易发现孩子的优点,不大愿意看到孩子的缺点。事实上,家长也容易发现老师的缺点,却常常忽视了老师的优点。但是,我们不得不承认这样的事实:在这个世界上,谁是十全十美的呢?一个人有缺点,其性格特点才更立体,家长应该善于发现老师的"缺点美"。

后来,那位家长还找过我几次,说是自己和老师当面谈了很多话题,还向老师道了歉,而她的孩子在老师的帮助下慢慢改掉了坏习惯。值得一提的是,有些老师在向家长反映孩子缺点时,也可能把孩子的情况说得非常严重。遇到这样的老师,家长更需要冷静分析孩子的不足之处,莫因为一点无伤大雅的事就责怪孩子甚至大打出手。

在整个教育过程中,误

问题不在于教他各种学问,而在于培养他有爱好学问的兴趣,而且在这种兴趣充分增长起来的时候,教他以研究学问的方法。——卢梭

会时有发生，错怪别人比检讨自己更容易。不管是家长还是老师，都有可能错怪对方。遇到事情，我们不妨先宽容对方，冷静思考分析问题，才能找到解决问题的突破口。家长为了减少和老师的摩擦，应遵循以下几个原则：

● 临危不惧，尽可能地镇定自若。如果家长一脸的气愤焦急，势必会影响彼此之间的沟通。

● 积极配合老师，和老师一起商讨问题的解决办法。既然事情已经发生了，家长唯一能够做的就是争取更多时间加以解决问题。

● 切不可因为一时的怒气而采用恐吓的态度。有些父母常常在一怒之下，通过"你不管好孩子，我就投诉"或"真出了事情就报警"等威吓方式来达到目的，这是很糟糕的。恐吓只会打击老师的信心，延误解决问题的时间。

● 查明真相，不可当面蔑视或污蔑老师。我们在得知孩子出了事情之后，应当理性地查明事情真相，用事实说话，而不是随意下结论污蔑他人。

● 善于反思自己的行为，超越自我。

对待任何一次误会，最好的方式是理性地面对问题，坦然地接受事实，积极地与老师合作，这也体现了一个家长的基本素养。

贴心提示：家长错怪老师，怎么道歉

有时候，家长也会错怪老师，当然不能一错了之，需要勇敢地向老师道歉。

◆ 家长在道歉的时候，要清楚：错了就是错了，不可为自己的行为辩解，因为这是无意义的行为。

◆ 在很多情况下，道歉是非常有用的沟通方式，能消除彼此的误解。如果家长说错了话，可以这样说："老师，非常抱歉，我今天说的话很不对，希望您能理解。"或者可以这样说："老师，真对不起，我误解了您。"

如果家长做错了事情，也可以这样道歉："老师，发生这样的事情，我真的很抱歉，希望老师别生气。"或者可以这样说："老师，真不好意思，我犯了这么严重的错误，特向您道歉。"

家长能否当面批评老师

有一天晚上，东东妈发现11岁的儿子手臂上青一块紫一块的，大腿上也有红肿。她问孩子发生了什么事情，小孩子支吾着说，是老师掐的。

东东妈一时傻了，受人尊敬的老师怎么能这样对待学生呢？东东妈作为孩子家长，平时都很少骂孩子，更不用说打孩子了。难道东东真的惹老师生气了？为了探个究竟，东东妈又问起孩子："老师为什么要掐你？"

东东说："被掐的还有另外两个同学。下午上自修课时，班级里没有老师，大家都在吵闹。坐我后面的皮皮抢我的课外书，我不给，他和他的同桌就伸手打我，我也打他们。后来，老师进来了，发现我们三个人正好在打架，就把我们叫到办公室，他让我们靠在墙边站，严厉地批评我们，还一边批评一边用手掐我们的手臂、大腿，还用尺子打我们屁股。"东东还说："我们疼起来每哭一下，老师就打我们一下，直到我们默默地站在墙边听他训话。"

东东说，老师打起人来超级凶，很多同学都很怕他，但老师不在的时候，大家就吵吵闹闹。东东妈真不知道如何是好，她想到的第一件事情就是找校长说话，可又担心自己找校长之后，老师会对孩子更加不好。也许这是一个负责的老师，他的初衷是好的，想以这种惩罚方式教育孩子，但这种教育方式是不对的，体罚是侵犯孩子人身权利的。于是，东东妈陷入矛盾中。

我在读小学二年级的时候，也遇到过一个很凶的女老师。当时，班级里有几个特别会吵闹的同学，不但学习成绩差，而且经常迟到。老师发现他们犯了错误，就马上把他们拉出去批评，用手使劲掐他们的大腿，有的同学被掐得哇哇大哭，但没有一个学生家长过来找过老师。

后来，我去镇中心小学上学，遇到了一个更凶的老师。一有同学犯错，老师就会严厉地批评，不是用拳头打学生臂膀、背部，就是用脚踢学生的大腿。这都还是小的惩罚，再严一点的惩罚就是让学生蹲马步，蹲到他满意为止。有一年冬天，天气超级冷，班级里有四个同学迟到了，他就让他们从早读课开始蹲马步，蹲得他们头上直冒气、脸上直流汗水、大腿直发抖，有同学实在蹲不住，人颤抖了一下，差点就倒下了，老师似乎没有一点同情心，依旧让他继续蹲。

学者有四失，教者必知之。人之学也，或失则多，或失则寡，或失则易，或失则止。此四者，心之莫同也。知其心，然后能救其失也。教也者，长善而救其失者也。——《学记》

直到最后，那几个同学实在受不了那折磨，哇哇地哭个不停，泪水和汗水混流在一起，整个人都麻木了，老师才让他们回到座位上去。不但如此，老师惩罚了同学之后，还会把家长叫到学校，大概是生活在农村的缘故，家长不仅对老师的体罚保持沉默，还口口声声地骂自己的孩子没出息。

每当我回忆起这些凄惨的场面时，内心有说不出的悲凉。当时，我是班长，我却没有胆量站出来替同学说话。其实，即使我站出来为同学说话，估计老师也不会理睬，因为连校长都默认他的体罚行为，最大的原因就在于他管理的班级没出什么问题，还受到学校的表扬。

后来，我坐车去县城的时候，遇到了那个老师，我礼节性地叫了一声"老师"，那老师显得有些苍老，但听说早已被调到城关小学，早已是名师了。在车上，他对我说了这样一句话："学生就像一台机器，如果运转不了，老师就要打几下才会动。"现在想起来，我们周围的确存在许多有暴力倾向的老师，而他们往往都有"名师"、"教学能手"、"优秀教师"、"优秀班主任"等称号。

这些都是生活中真实的事情，很多老师为了管理好班级，常常用威吓或体罚等方式教育孩子，殊不知，这样的教育方式对孩子的伤害最大。在这种情况下，家长该不该批评老师呢？我认为，**家长和老师都是孩子的教育者，在人格上都是平等的，任何一方有错，都应该受到对方的批评**。家长对老师工作的质疑和批评是自我觉醒的表现，是真正在履行家长的基本职责。我期望更多的家长都能觉醒起来，让孩子免受不必要的伤害。

关于惩罚教育，我再多说几句。中国有句古话：打是亲，骂是爱。几千年来，我们一直用这样的方式教育孩子，而这样的教育思想则被一代又一代地传承下去。不管是富裕的家庭还是一般的家庭，打骂孩子成了司空见惯的现象。著名企业家李开复承认自己曾打过小孩："大概是在她们（两个女儿）10岁以下，各挨过一次打。过去几次，当我比较不理性的时候，对孩子太凶了也好、打她们也好，事后都蛮后悔的。并不是说她们没有做错，不该得到惩罚，而是觉得这样对父女关系，对她们的成长过程，都有负面的影响。"

大人可以惩罚孩子，但最好不要体罚孩子，除非孩子犯了非常严重的错误。体罚（特别是变相体罚）是一种心灵的伤害，也是教育事故。我国《未成年人保护法》第十五条规定："学校、幼儿园的教职员应当尊重未成年人的人格尊严，不得对未成年学生和儿童实施体罚、变相体罚或者其他侮辱人格尊严的行为。"这说明我国法律是不允许大人体罚孩子的，而孩子一旦被体罚，则可以用法律手段捍卫自己的权利。

再说，**大人利用惩罚给孩子制造恐惧心理，虽可暂时限制孩子的行为，但却不能永久性阻止孩子"犯错"。大人对孩子的惩罚次数越多，越会使孩子远离大人，最后出现毫无作用的效果。**

现在 90 后和 00 后的孩子，由于受到大人的溺爱，不但大人不能骂，更不能打。不管哪个时代，教育孩子都要"动之以情，晓之以理"，情在先，理在后。处理孩子问题，首先要了解孩子的心理，关注孩子的情绪变化，和孩子建立信任的关系，然后关注孩子的行为，做到情理统一。俗话说，情不通，则理不达，只有通情才能达理。在赢得孩子的信赖之后，大人可以对孩子进行说理教育，指出孩子的错误所在，并引导孩子摒弃错误观念。

有一个朋友，他的孩子天宁刚上小学二年级，是一个比较活泼的孩子。有一天上午的语文课堂上，老师发现天宁正和同桌聊得起劲，便点名批评了他："天宁，你要注意了！请别讲话了！"

天宁低着头，装作没听见，继续和同桌小声说话。老师忙着讲课，没有顾及他们。突然，老师又回头看了看天宁，发觉他依然在和同学聊天，就气愤地说道："天宁，你们在讲什么东西！"

话音刚落，老师一个箭步走到了天宁旁边，一把抓起天宁，把他赶出了教室。天宁被罚站在教室门口，感觉浑身不自在。令天宁想不到的是，老师

呜呼，上课讲话，被老师赶出了教室。

我微笑地看待生活，于是，生活也对我呈现出一个微笑。　　——刘心武

居然让他站在教室门口一个上午。对于一个孩子来说，这样的惩罚似乎过于严重。

要知道，一个读二年级的孩子同样懂得脸面的重要性，他不希望那些从身边经过的老师和同学以异样的眼光看待他。

那天中午，朋友像往常一样在学校门口接孩子，眼看着其他家长陆续领走了孩子，心里甚为着急。于是，他拨通了老师的电话。老师刚好在办公室，说孩子被留下来批评，正要找家长。

朋友立刻赶到办公室，只见孩子站在老师面前，双腿发抖，差点儿流出眼泪。朋友忙问："我的孩子怎么了？"孩子犯了错，被老师留下来批评，家长心里也不好受。老师告诉我的朋友，孩子上课讲话，老师不去惩罚他，他还会有第二次、第三次……现在惩罚他是为了让孩子以后遵守课堂纪律。

朋友不知道说什么，也不想跟老师辩论，只好领着孩子回家了，他的孩子却一直开心不起来，连吃饭都没有胃口。

这件事过去很久了，有一次，他主动跟我聊起这件事，还困惑地问我："如果以后再遇到这样的事情，我该怎么办呢？"

实际上，他的困惑是具有代表性的，很多家长都有这样的疑问：当老师用粗暴的教育方式伤害到孩子时，我们应该怎么办呢？家长能否当面批评老师呢？

我的那个朋友在老师面前选择了沉默，我认为这是一种比较理智的做法。如果家长没有能力改变老师的想法，那么就没必要与老师争论是非问题，那样只会使双方的关系更为紧张，也就没必要惹老师生气。有些家长在得知孩子被老师批评或体罚之后，就非要和老师争个孰是孰非，结果搞得双方都不愉快。教师是令人尊敬的职业，任何国家都有尊师的传统。不过，老师也是普通人，都有犯错的时候，家长可以批评老师，但最好不要在其他人面前批评老师。如果老师以严厉的方式惩罚孩子，家长很有必要和老师协商，探讨一种比较合适且能使孩子认识到错误的教育方式，促使孩子内心觉醒。比如孩子犯错之后，老师或家长陪孩子散步，一边散步一边教育孩子，避免过度训斥孩子。在国外，孩子犯了错误，有些父母将孩子关在一个很安全的房间里反思；有些父母和孩子一起躺在床上以平等聊天的方式帮助孩子认识错误；有些父母带孩子一起读名人传记，让孩子认识到名人小时候是怎么纠正错误的……

如果老师的教育方式给孩子造成了伤害，那父母必须站在保护孩子的立场上，先以委婉的语气和老师交流自己的看法，给老师适当的批评。如果老师不愿意接受批评，反而生气起来，那家长最好暂时不要和老师沟通。因为孩子惹老师生气，老师可能还在气头上，家长的一番话可能会给老师火上浇油。事情过去之后，老师的气也消了，自然不会和孩子计较什么，在这个时候，家长可以和老师谈谈上次惩罚孩子的事情，也可以给予老师一些建议。但有些时候，遇到一个心胸狭窄的老师，家长给老师提了建议，老师对孩子仍不理不睬，家长应立即想办法和老师协调好关系，直到老师不再对孩子采取冷暴力的教育方式。

贴心提示：家长批评老师应注意什么

老师也有犯错的时候，家长当然有权利批评老师，但在批评的时候，需要注意以下几点：

◆ 批评老师要以事实为依据，就事论事。家长在批评老师时，不可一味发火，先弄清楚老师错在什么地方。

◆ 批评语气要平和，不可指责老师。批评不是指责和辱骂，而应心平气和地给老师指出错误所在。

◆ 多提一些建设性的建议。家长可以用一种委婉的态度，给老师提一些建议，尽量少用批评式语言。

◆ 双方要在平等对话中进行，家长首先要尊重老师的人格，在对话中指出老师的错误。

◆ 选择恰当的时间和场合。这是为了尽量减少摩擦。

孩子代表着希望，每个孩子都像精灵一样活泼，像天使一样美丽。马卡连柯说："培养人，就是培养他对前途的希望。"时刻关注孩子的成长问题，让孩子按照自然规律成长，不失为一种很好的教育方法。

第三章
每个孩子都是天使

你真正了解孩子吗

一位单亲母亲的来信

吾家有孩初长成

培养孩子的性别意识

学习优秀哪有这么难

如何才不会伤害孩子

你真正了解孩子吗

你了解孩子吗？估计所有的父母都会异口同声地说："谁不了解自己的孩子啊！"可如果再问一句："你真正了解孩子吗？"可能就有不少父母要犹豫了。几年前，我碰到了一件令人尴尬的事情。班级里有两个女生小红和小丽闹矛盾扭打起来，小红伤势严重。事情发生后，我分别给这两个孩子的家长打了电话，希望能引起孩子父母的注意。结果，双方父母都很吃惊，小丽母亲表示不解："你说我孩子打架，这怎么可能呢？小女从小很乖巧，从不和人家小孩吵架，就连一句脏话都没有说过，怎么可能打架呢？"当我再次向小丽母亲反映孩子的打架情况时，她便匆匆挂掉了电话。此时，我不禁感叹道：有些父母真的不是很了解自己的孩子。

父母不了解孩子由多方面因素造成，最常见的就是父母与孩子的交流太少。当孩子遭遇烦扰，想找人倾诉时，父母给孩子的不是安慰，而是批评，比如"你这孩子怎么这样没用"、"看看人家小孩子多好"、"我和你说过多少次了，你就是不听话"……久而久之，孩子不愿意与父母交流，而将自己的情绪"伪装"起来，这对孩子的成长当然不好。孩子与父母沟通少了，自然会产生情感上的隔膜。我只能说，很多家长自以为很了解孩子，但其实对孩子心理和精神层面上的认识少得可怜。

设想一下，一个对自己孩子都不完全了解的家长，怎么能把孩子的情况准确地描述给老师呢？说到底，家长要先真正认识孩子，认识孩子是为了更好地沟通，这样才能与老师进行高效率的沟通。父母要真正认识孩子，需要在长时间的陪伴中用心观察，需要耐心地倾听孩子的心声……作为一个合格的家长，要知道的东西实在有点多，但我相信，只要事关孩子的一切，值得每一位家长倾注心思去了解。比如：

1. 孩子的身体素质。

健康的身体是孩子成长的基础。孩子体质如何、有无疾病、有无身体缺陷等都是父母首先要关注的问题。**孩子上学后，家长应及时向老师反映孩子的身体状况，以免发生意外，同时减少老师的观察总结时间。**

孩子的整个学习阶段也是生长发育的关键阶段，每个学习阶段都有孩子成长的足迹。孩子的年龄不同，其身体承受能力也不同。比如低年级学生，基本以有益身心的玩乐为主，不能承受过多的作业量，而作业过多会影响孩子的正常发育。但在孩子成长过程中，其身体承受能力常常被人忽视。我认识几个小学二年级的孩子，他们一天的作业量很大，比如要完成三张数学口算题，每张100题，这只是当天的数学作业；语文词语抄写10遍，这些词语大概有50多字；两张语文试卷；看课外书，摘抄好词佳句。初步估算要完成这些作业，至少得一天的时间，这使得孩子筋疲力尽，眼睛得不到休息。2011年5月，《南方日报》报道，我国青少年近视率高达50%至60%，位居世界第二。且不管题海战术收效如何，但若以损害孩子健康为代价而换取来的好成绩，我认为是得不偿失的，毕竟孩子的健康和开心比什么都来得重要，不是吗？

2. 孩子的个性特点。

每个孩子都是独特的，导致个性差异的，既有遗传的因素，也有后天环境的影响。按照心理学上划分，人有四种气质类型。

大约公元前5世纪，古希腊著名医生希波克拉底提出了人体内有四种体液的学说，即血液、黏液、黄胆液、黑胆液。每一种体液所占比例不同，人的气质也不同，于是就有了胆汁质、多血质、黏液质和抑郁质四种气质类型。

胆汁质：情感反应强烈，开朗热情，但易冲动，脾气暴躁，很难自我克制。这类孩子意志坚强，能忍受较强的刺激，思维活跃，行动敏捷。

多血质：活泼好动，有朝气，喜欢交往，行为外向，不怯生，容易接受新鲜事物。这类人可塑性大，但注意力易分散，兴趣多变，情绪波动大。

黏液质：情绪稳定，举止平和，不喜欢外露，行为内向，不善于言谈，以沉默寡言居多。这类孩子注意力集中持久，忍耐性高，比较细致，但思维灵活性较差。

抑郁质：行为极端内向，胆小、孤僻，喜欢独处，不爱交往，做事认真细致，但动作迟缓，多疑多虑，非常敏感，优柔寡断，表情腼腆，多愁善感。

父母了解这些的目的是为了根据孩子的特点，采取恰当的教育方式，为孩子的健康成长创造有利条件。有条件的父母，还可以给孩子测一下气质类型。

3. 孩子的兴趣爱好。

孩子在成长中，大都有自己的兴趣爱好，有些兴趣爱好可能是孩子某种天赋的表露。比如有些孩子从小就对画画痴迷，不仅喜欢看画，而且喜欢动

笔画这画那；有些孩子喜欢把玩具拆了，看来看去，然后又装回去，俨然像一个技术人员。

细心的父母很容易发现孩子的兴趣爱好，并通过培养孩子的兴趣爱好去挖掘孩子的天赋，这对孩子的身心发展十分有益。孩子对自己感兴趣的事情会投入持久的热情，这种热情极有可能成就孩子灿烂的明天。所以，父母首先要积极观察孩子平常感兴趣的事物，可以创设条件，把孩子的兴趣爱好发展出来。另外，家长应多与老师沟通，一方面将自己观察到的孩子的兴趣爱好传达给老师，另一方面向老师打听孩子在校期间表现出来的兴趣爱好，相互探讨培养孩子兴趣爱好的良方。同时让孩子保持浓厚的兴趣，把追求知识和智慧当作是非常快乐的事情。

4. 孩子的适应能力。

孩子从家庭走向学校，这是一个很大的转变，因为要适应新的环境。孩子的环境适应能力千差万别，有的孩子适应能力强，一进校门就熟悉，一点儿都不会感到陌生。有些孩子性格内向，腼腆怕生，缺乏自信心，依赖性强，一到新环境难以很快适应。当然，不同年龄阶段的孩子，他们的适应能力也不尽相同。

比如同时上小学一年级的小明和小强，在第一天去学校上课时，小明活泼热情，很快就和同学玩在一起；小强则坐在教室里不敢出门，有同学叫小强出去玩，小强则笑笑，不愿意出去。所以，孩子上学之后，父母可以多观察孩子，看看孩子是否有与平常不一样的表现。如果父母发现了问题，要及时疏导，帮助孩子树立起自信心，让孩子逐渐适应新环境。这种情况下，家长跟老师沟通是非常必要的，一起引导孩子适应学习环境。

5. 孩子的内心想法。

有些父母说，孩子那么小，他们也有自己的想法吗？其实，再小的孩子都有自己的想法。不管怎么说，孩子有人格和尊严，同样需要大人尊重他们。当孩子的安全感和爱的需求得不到满足的时候，孩子就会感到痛苦。在我们的生活中，大人眼中的孩子是幼小不懂事的人。这样对孩子的成长很不好，容易限制孩子的独立表达机会。

比如，有一个邻居的小孩在读小学三年级，父母管得很严。孩子一放学回家，父母就规定孩子做这做那。有一次，小孩正想看动画片，结果遭到她爸爸的一声呵斥，孩子吓得从此不敢在父母面前看电视，常常把自己关在房间里。我想在生活中，类似的事情还很多，父母不了解孩子内心的真实想法而使用了错误的教育方式，这对孩子的身心健康非常不利。

不仅如此，作为孩子的老师，同样要在乎孩子的想法，不能将自己的不良情绪（如悲观、烦闷、愤怒等）强加给孩子，更不可不分青红皂白地当众批评孩子，对孩子拳打脚踢。

6. 孩子对学校和老师的看法。

孩子上学后，大多数孩子总会把自己在学校的所见所闻告诉父母，与大人分享自己的上学经历。比如孩子常会在大人面前说学校有多大，学校的管理严格不严格，老师凶不凶……孩子的眼睛总是雪亮的，他们会凭自己的第一感觉说出看法。当孩子对某个老师有意见时，父母要倾听孩子的心声，比如当孩子说"老师很凶"、"老师很偏心"、"老师对我不理不睬"时，父母应让孩子说出事情的经过，然后再细致分析，不可打断孩子的倾诉。不管孩子所讲的事情是否属实，父母都应该及时和老师取得联系，消除孩子的不满情绪。当孩子说某老师好的时候，父母也要仔细分析，可能孩子所说的好老师并不是家长所认为的好老师。即便这样，家长还是应该和老师沟通，谈谈具体情况。

当然，当父母真的要把孩子的话告诉老师的时候，心中又会有很多疑虑，怕老师对孩子有偏见。在这种情况下，家长不妨找一个合适的时间坐下来与老师慢慢沟通，可以一边喝茶一边聊天，这有助于消除彼此的误会。

7. 孩子的学习表现。

了解孩子的学习情况有两种渠道，一是孩子与往常不一样的表现，二是从老师那里获得信息。父母可以通过孩子的心情变化获取此类信息。只要父母细心观察，大都可以借这个晴雨表，了解孩子的内心想法。孩子成绩好的时候，难免表现出快乐的心情；孩子失败的时候，会有失落沮丧的情绪。父母最好能及时引导一下孩子的情绪，让孩子从中认识到自己的优点和缺点。

家长可以向老师打听孩子的学习情况，最好能全面了解孩子的学习情况（上课、作业、发言、考试成绩等），但不能利用这样的机会批评或打击孩子。

8. 孩子会不会和老师沟通。

这个问题很可能被家长忽视，但非常重要。孩子会不会和老师沟通，还可能影响到孩子的学习和人际关系。有些性格内向的孩子，有问题也不愿意和老师沟通，结果将问题留在了心里。大量事实表明，喜欢和老师沟通的孩子更加自信，人际关系融洽，容易受到老师的关注。

在整个教育过程中，孩子的每一件事情都值得家长关注，真正了解孩子才是教育的开始。

贴心提示：怎样认识孩子

家长要认识孩子并不难，只要做一个有心人。

◆ 多留意孩子的行为。父母在养育孩子时，可以观察总结孩子的经常性行为，这样可以区分一些异常表现。

◆ 从育儿书籍或影视中认识孩子的成长过程。现在的很多育儿资料都详细讲述了孩子各成长阶段中的个性特征或行为特点。

◆ 从他人眼中认识孩子。有些时候，父母常常会忽略孩子的一些行为，需要通过亲戚、朋友、老师等了解孩子。

◆ 多留意孩子的作业情况，这也是一种比较常见的了解途径。

第三章 每个孩子都是天使

放学之后，我的欢乐天地是……

- 走出校门就是欢乐天地。
- 放学回到家就可吃饭，看电视，不用写作业。
- 大树下或操场上。
- 跑到池塘边大叫。
- 去球场或图书馆，打会儿球或看会书。
- 放学之后，我的欢乐天地是我的房间，因为里面有零食、电脑、空调……
- 在篮球场或与同学聚在一起说笑。
- 小吃店和舞蹈室。
- 在故事书故事中遨游和操场上玩。

我最爱的美美假期是什么样子的？

- 每天都能高高兴兴的，开心的做完每件事。
- 是早上睡到十二点，到10日晚点沐浴洗头，找同学玩去游泳。
- 就是能和父母一家起去玩无论什么地方都可以。
- 可以上兴趣班特长，还可以去公园、商场玩，不用做太多家务。
- 在我自己的生日可以放假十天。
- 我最爱的美美假期是能去马尔代夫度假，然后北每清泉最后去北京旅游，跟同学去城观看，再去购物，最后去吃一顿大餐。
- 没有作业，父母不管束的。
- 是做完作业后的再陈中为父未会。
- 天天有山珍海味，带着超大号的耳机，穿着海绵宝宝童装，到海边散步，而且可以睡觉晒晒屁股。

每个人生下来都要从事某项事业，每一个活在地球上的人都有自己生活中的义务。
——海明威

一位单亲妈妈的来信

前几天，我去学校找老师了解孩子的情况。当我步入办公室向老师打招呼的时候，老师正在批改试卷，看到我便说："你来得正好，我正想找你呢。你家孩子怎么回事了？最近上课总发呆，变得和以前大不一样。"老师特地翻出孩子的数学试卷，愤愤地对我说："你看看这次数学考试，才57分！"看着孩子的分数，我不知道说什么，只怪自己没有照顾好孩子。我很想鼓起勇气，把家里的情况告诉老师，可我又不知道怎么开口……其实，孩子的变化跟家庭有关。上个月，我把自己和老公离婚的事情告诉了孩子。那晚，我感到有点绝望，生气地对孩子说："你爸爸不要我们了！你就当作他不存在好了。"孩子十分迷惘地盯着我，显得不知所措，"哇"的一声大哭起来。说实话，孩子最喜欢他爸爸，平常跟我玩得比较少。为了补偿父爱，我天天给孩子买好吃的，为孩子买新衣服，带孩子出去散心。可是，孩子却一直开心不起来，变得沉默寡言……现在，我真不知道该怎么办。我还能为孩子做些什么事情呢？

这是一封单亲妈妈的来信，我只截取了其中关键的一段内容。当我读完这封来信，心里既欣喜又沉重。我为这位单亲妈妈的负责和母爱深深感动，这位母亲并没有因为离婚而放弃教育孩子的责任。她为孩子付出了许多许多，亲自到学校了解孩子的情况，鼓起勇气给我写信请教一些教育问题，这种无私的母爱令我敬佩。

令我深感沉重的是，这个家庭支离破碎，孩子犹如随风飘荡的叶子找不到扎根的地方。我们看到，孩子因为爸爸的离去变得少言寡语、木讷。更令人担心的是，这个孩子的学习成绩在下滑，进而可能出现厌学现象。

我们都知道，每个孩子都希望生活在一个和睦幸福的家庭里。但由于种种原因，家庭不和睦的现象时有发生。特别是离婚的家庭，夫妻双方可因任何理由不欢而散，但对一个孩子来说，这是一种生命中不可承受之轻。几年前，我遇到过一个即将离婚的家庭，孩子变得非常敏感，常常偷听父母的谈话。孩子母亲跟我聊起过此事，我给她的建议是：感情不和勉强走下去确实是一件非常痛苦的事，但家庭重组必然对孩子产生负面影响，这就是必须慎重权衡利弊的地方，望三思而后行。前几天，我特地去打听了这个家庭。值得欣慰的是，听说他们后来和好如初了，现在生活十分美满。

我们不难发现，在一个家庭里，婚姻关系越牢固，对孩子的成长越有利。这不仅因为它能够为孩子提供良好的家庭生活环境，更重要的在于亲子关系的融洽，孩子不会产生孤僻、敏感、自卑等心理。我们在单亲妈妈的来信中看到了她的孩子所受到的巨大伤害，孩子因为特别爱爸爸，而父母离婚后，孩子不再像以前那样能天天见到爸爸，失去爸爸就等于失去精神支柱。所以，即使孩子的母亲买再多好吃好玩的东西，孩子都不会感到满足。即使孩子的母亲天天陪伴孩子散心游玩，都无法替代孩子内心所期待的父爱。这不仅是孩子一时的悲剧，更是孩子一生的创痛。

但不可否认，单亲家庭如果教育得当，单亲家庭的孩子照样能够顺利成才。西方国家的单亲家庭数目相当庞大，但同样培养出非常优秀的人才，比如美国前总统克林顿、英国前首相希思、电影导演山姆·门德斯、电影演员史泰龙、国际象棋大师加里·卡斯帕罗夫……可见，大人的素养很重要，他（她）能直接或间接影响孩子的未来。

英国伦敦大学心理学家多萝西·埃诺博士说："母亲那种献身精神、那种专注，灌输给一个男孩的是伟大的自尊，那些从小拥有这种自尊的人将永远不会放弃，而是发展成自信的成年人。你有了这种信心，如果再勤奋就可以成功。"英国前首相希思从小由母亲抚养成人，他母亲一直告诫他：只要努力就能成功。后来，希思通过自己的不懈努力，终于走向了成功。晚年的时候，希思回忆起母亲，不无动情地说："当母亲逝世时，我身心交瘁，简直要垮掉，我几乎不知道如何生活下去。"

实践证明，**孩子需要的是父母带给他的爱、安全感、精神的力量，一个充满爱、宽容、民主和道德良知感的家庭，永远是孩子成才的源泉。**

我们知道，在一般的单亲家庭里，孩子的变化最为明显。对于一个单亲家庭，很容易犯以下几个错误。（1）过于溺爱。父母离异后，孩子跟父亲或母亲，特别是跟母亲的孩子，最容易被母亲溺爱。很多单亲妈妈为了弥补婚姻缺憾给孩子造成的伤害，为了让孩子过得比以前更好，就拼命地给孩子创造种种物质条件。（2）束缚孩子手脚。很多单亲母亲喜欢为孩子包办一切，平时不让孩子参加劳动，不培养孩子的自立意识，使孩子从小缺乏独立性。（3）使孩子产生怨恨心理。一些父母离异后，总在孩子面前说对方（父亲或母亲）的不

我们常常无法做伟大的事，但我们可以用伟大的爱去做些小事。　　——特蕾莎修女

好，一味排斥对方，比如来信中的单亲妈妈告诉孩子："你爸爸不要我们了！你就当作他不存在好了。"这对一个孩子来说，犹如晴天霹雳，难以理解大人的心思。当孩子犯错的时候，别牵扯对方，尤其忌讳对着孩子发牢骚。有些单亲妈妈（或爸爸）就干脆鼓动孩子去恨对方，使孩子从小变得冷漠和不友善。

（4）对孩子不理不睬。有些父母将孩子视为负担，对孩子态度冷漠。特别是一些重新组建家庭的单亲妈妈（或爸爸），孩子可能成为新家庭矛盾的导火线。

（5）对孩子期望过高。有不少单亲妈妈（或爸爸）为让孩子能够出人头地，对孩子寄予很高的期望。

如果父母出现离异状况，单亲妈妈（或爸爸）应该及时将离婚实情告诉孩子，先冷静地思考一番，想想你最应该让孩子知道什么。因为不同年纪的孩子，他们的心理承受能力也不一样。一个聪明的单亲妈妈（或爸爸），最好站在孩子角度思考问题，不让孩子为单亲家庭而感到害怕。最好在父母离异前，大家坐在一起把情况告诉孩子。父母要和孩子做平等、民主、自由、合作的交流。当父母将离婚实情告诉孩子时，可以先试探一下孩子的内心感受，然后让孩子说说自己的想法或疑惑。父母应该及时而详细地解答孩子的问题，并让孩子对整个离婚过程有一个了解。另外，让孩子知道未来生活的安排，是跟母亲还是跟父亲，这是为了让孩子拥有安全感。最后，多关注孩子的精神需要，特别是家长因病或因其他原因离逝的单亲家庭更需要精神上的安慰。有不少单亲妈妈（或爸爸）以为多给孩子创造物质条件就可以了，其实不然，孩子最需要的是心灵和精神的满足。

如果孩子在和父母交流中出现情绪波动，比如大哭大闹。遇到这种情况，父母千万要控制情绪，多安慰孩子，倾听孩子的心声。假如孩子舍不得父母，那父母得重新思考离婚的问题，切不可以谎言欺骗孩子。

诚然，单亲父母更需要和老师沟通。一般来说，单亲家庭的孩子都比较敏感，性格忧郁孤僻，甚至有避世绝俗的心理，比如来信的孩子出现不爱说话的现象。如果你是一位单亲妈妈（或爸爸），那你最好及时把家庭情况告诉老师。我们知道，有不少单亲家庭由于自尊心比较强，不大愿意将自己的情况告诉别人。但为了孩子的成长，我们还得学会合作，积极和老师保持联系。

● 让老师像往常一样对待孩子，别对孩子忽冷忽热。这类孩子有一段敏感期，非常在意别人的言行。

- 委托老师多关注孩子的情绪变化。老师可以通过孩子言行举止观察到孩子的情绪变化，比如有些孩子突然变得不爱说话，老师可以和家长沟通一下。
- 让老师多关心和鼓励孩子，帮助孩子在爱中学会自立、自强。
- 多让孩子参加集体活动，让孩子感受集体的温暖。
- 让孩子坦然面对现实。当孩子尚未真正走出父母离异、父母单亡（或双亡）阴影的时候，不用言语伤害孩子，比如"你真可怜"、"单亲孩子啊"、"没人要的孩子"……因为这些言语很容易伤害单亲孩子的心灵。老师可以通过和孩子谈心等方式，帮助孩子树立理想，坦然面对单亲家庭这一现实。
- 和老师商量帮助孩子走出阴影的计划，可以是短期的，也可以是长期的。

总之，只要单亲妈妈（或爸爸）始终不放弃，多与老师沟通，及时了解孩子的心理变化，有效采取措施，便一定能帮助孩子渡过难关。

贴心提示：单亲父母和老师沟通应遵循什么原则

单亲妈妈（或爸爸）在与老师沟通时，尤其要注意分寸。

◆ 说家庭实情时要注意场合和老师的心理，不是任何老师都愿意倾听家长的家庭情况，也不是任何场合都可以说的。有些涉及隐私的内容，可以省去不说。

◆ 把握交往距离。有些单亲妈妈（或爸爸）由于对方在家庭中的缺席，会将老师当作最亲密的人，把老师当作唯一可以倾诉和寄托的人，这样势必增加老师的负担，可能会影响沟通效果。

◆ 经常互通。孩子在家有了变化，家长要及时反映给老师。如果老师发现孩子在学校取得了进步，也应该及时告知家长。

◆ 适当地感谢老师。如果老师对孩子倾注了大量心血，单亲妈妈（或爸爸）可要好好感激一下老师，可以送些小礼物或感谢信。

吾家有孩初长成

俗话说："不当家不知柴米贵，不养儿不知父母恩。"养育孩子是一个漫长的过程，这中间有欣喜、快乐、幸福、忧愁、烦恼、痛苦……孩子呱呱落地的时候，大人总期望孩子长得快些，再快些。等孩子长到"小大人"阶段，你可能会发现：孩子像变了个人似的，以前在父母面前乖巧可爱的孩子变得多愁善感，孩子的情绪就像六月的天一样多变，喜怒无常，常常乱发脾气，爱冲动，和父母唱反调。

读初二的伟强，身高173cm，长得很帅气。有一天，他穿了一件颜色很鲜艳的衣服，引发了一次"轰动效应"，有同学在底下发出啧啧的赞叹声。要知道，这是他第一次穿自己买的衣服。他穿上这衣服，显得自信和阳光，但又夹杂着不安的情绪，因为他还没有跟父母说起过这件事。可不久，衣服的事情终究被父母发现了，父母没收了孩子的衣服。从那以后，伟强变得忧郁和烦躁，患得患失地走在校园里。

这是比较典型的青春期脾气。一般来说，女孩子的青春期从10~12岁开始，而男孩子则要比女孩子晚2~3年。心理学家研究表明，青春期孩子的身心发展极度不平衡，这一时期的孩子，生理发育迅速成熟，心理发育则相对迟缓，从而出现身心发展"两重天"的矛盾。

所以，有的父母常说，青春期的孩子最难管教；有的老师也这样说，青春期的孩子最不好教。尤其是独生子女的青春期，他们经常表现出孤独、不安、冲动、忧郁、苦闷、爱编织美梦……

再者，"乱花渐欲迷人眼"，物化的多元社会易使孩子原本纯洁无瑕的心灵遭到损害，他们的自我意识往往很浓，看问题也容易钻牛角尖，极易和大人形成抵触情绪。

伟强的家长曾经和老师谈过孩子的事情，老师也多次找伟强谈心，但伟强却不以为然，仍是一副我行我素的样子，他还在心里埋怨大人为什么不理解孩子。有时候，伟强满脸阴霾和狐疑，他感到自己被大人遗弃。

美国"青春期心理学之父"霍尔将这种现象称为"青春期焦虑"。有研究表明，青春期的孩子开始不承认自己是小孩，企图摆脱父母和老师的管束，要求和大人平等相待。但是，当孩子的自我意识和大人的意愿发生冲突的时候，彼此的矛盾便出现了，随之而来的是孩子内心的焦虑和强烈冲突。伟强第一次穿上自己买的衣服，带有强烈的自我意识，他为自己暂时挣脱父母的管束而庆幸，而这样的胜利却即刻遭到父母的反对，这是他苦恼的真正原因。

后来，伟强妈还和老师商议管教孩子的方法，没想到老师还给了她许多妙招，比如要尊重孩子的选择，孩子偷偷买自己喜爱的东西，说明孩子在长大，大人最好能在思想上理解孩子的行为。

青春期是多事之秋。伟强的事情是其中一个例子，还算不上很叛逆的行为，小芳的例子更能说明这一时期孩子的冲动。

  小芳是初二年级的孩子，学习成绩一直很好。可最近，小芳总觉得父母管教太严格，让她没有自由空间，比如她与男同学走一起，父母要批评；她想上网聊天，父母要限制时间。后来，小芳为和网友聊天，竟逃课出去上网。事后，老师批评了小芳，小芳很不服气，还在背后辱骂老师。想必有些读者也碰到过类似的情况，如果孩子很叛逆，我们又该怎么应对呢？

小芳的事情惊动了学校老师，还将小芳妈叫到学校谈话。小芳妈到学校后，孩子背对着她，似乎在逃避妈妈。小芳妈则异常困惑，她怎么也想不到自己的孩子竟会变得那么离经叛道，难道这孩子中了邪？

不，小芳没有中邪，所有青春期叛逆的孩子都没有中邪，每个孩子都有叛逆期。没有叛逆期的孩子，他的人生是不完整的。所以，父母首先要理解孩子的叛逆期，这是孩子长大的表现。

这一时期的孩子特别敏感，喜欢对周围的人和事物评头论足。有一次，有个小女孩跟我聊起她的老师，她说自己最不喜欢音乐老师。我问她为什么，她说自己也不知道什么原因，见到音乐老师就感觉不舒服。

其实，青春期孩子的价值观还没有完善，对事物的辨别能力还比较薄弱，容易出现逆反心理，但如果掌握相关知识，也能将这些难题迎刃而解，这就需要家长和老师合作。

青春期的孩子容易冲动，报复心理极强，经常会发生打架斗殴的事情。一些女孩子打架不仅是打人，而且扒人衣服，羞辱对方，这样的事情在网络上司空见惯。2010年10月，一位叫药家鑫的大学生驾车撞人后，又将伤者刺了八刀致其死亡。这一事件惊动了整个社会，这个孩子心灵的扭曲、冷漠、自私、残暴……正好折射出家庭教育的失误。同时，我们可以看到这个孩子缺乏理

> 我一直强调，对孩子的不足之处，要讲究用适当的方法去细心教导，要掌握合理的时间。一定不要简单蛮横，不能以成年人单方面的思维去对待孩子。
> ——卡尔·威特

智,"是他的冲动、不冷静害了自己"。撞了人后,他已经很害怕了,再加上看到伤者正在记他的车牌号时更是感到恐惧,也许正是这一动作使他产生了仇视心理,断送了自己的前途,两个家庭也因此被毁。

有这样一位妈妈说道:

> 我怎么也想不到孩子会偷偷买烟抽烟,我先生从不抽烟的。当我发现这个秘密时,孩子一脸慌张。我问他为什么抽烟,孩子告诉我抽烟很酷,他说老师经常在办公室里抽烟,还会吐圈圈,他觉得老师帅呆了。听孩子这么一说,我已彻底无语了。

孩子进入青春期以后,开始探索未知的世界,但他的内心却惶恐不安,这都是孩子想摆脱父母的体现。他们常常以成年人作为自己的偶像,进行模仿、学习,以期待自己强大起来。于是,孩子们开始"追星",买来各式各样的明星照片贴在床头、书本上,时刻关照明星的近况,模仿明星的发型和穿着打扮,可以为了看一次明星的演出而放弃学习,有些孩子甚至关心起明星的婚姻,把明星当成了自己的意中人。甘肃女孩杨丽娟16岁就痴迷歌星刘德华,其父为了让女儿能到香港见偶像一面,不惜卖房、卖肾筹旅费。最后,其父不堪重负而跳海身亡,留下4000字遗书,遗愿竟是让刘德华再见女儿一面。杨丽娟事件足以说明明星的强大效应,这种效应可以穿透人的心灵,让人疯狂。

这些都是孩子成长中的正常现象。令我们担忧的恰恰是孩子的模仿是一把双刃剑,孩子同样会受到成年人坏习性的影响。所以,父母可以多为孩子营造充满爱、美、真、善的环境,帮助孩子打下良好的做人根底。父母也要允许孩子犯错,青春期孩子没有不犯错误的,而犯错的孩子更容易成熟起来,关键在于孩子有错,父母要有足够的耐心,帮助孩子纠正错误。

孩子处于青春期,父母要有青春期意识。很多父母对孩子青春期的到来感到非常突然,没有心理准备,更不用说如何帮助孩子度过青春期了。由于父母没有这种意识,总以为孩子变了样,变得"不乖"和"叛逆"了,容易和孩子产生矛盾。

这时期的孩子希望自己有独立的房间、带锁的抽屉,也希望把自己的日记、QQ日志或手机短信等隐藏起来……这些都是孩子成长的必经之路。家长切勿干扰孩子的正常行为,切忌唠叨,用期待和欣赏的眼光看待孩子,引导孩子朝好的方向发展。

大人要多关注孩子的生理健康。生理健康是生命的基础，但这一点很容易被大人忽视。青春期孩子由于身体发育处于明显状态，对生殖器官产生浓厚兴趣，出现生理卫生知识匮乏、过度把玩器官或手淫、恋物等问题，如果处理不当，会使孩子留下后遗症。著名教育专家孙云晓通过调查研究发现，学业压力导致大多数女孩在"承受压力——激励自己努力——承受更大压力"的过程中慢慢地失去了健康，"女痛经已经成了一个非常普遍的问题"。长期熬夜、过度劳累，会严重干扰女孩子的内分泌系统，影响发育。有媒体报道说，有个别高三女生，在高强度的学习压力下，甚至出现了闭经的现象。

父母在孩子面前应当是一个真实的人，可以向孩子暴露自身的缺点和错误，也可以向孩子请教一些问题，这样能够减少"代沟"。父母可以试着和孩子交朋友，多和孩子谈谈人生、生活、生命、交友、饮食、运动、书籍等话题，多鼓励孩子参加一些感兴趣的活动，比如小游戏、看书、欣赏电视、看比赛等。家长也要让自己参与到孩子的世界中去，增进彼此之间的情感，特别要多陪伴孩子看课外读物，可以利用故事教育孩子，让孩子懂事乖巧，让孩子自己设计人生。

只要父母多理解孩子的叛逆行为，多站在孩子的角度看问题，那么孩子一定会顺利度过自己的叛逆期。

贴心提示：怎样和青春期的孩子沟通

家长在和青春期的孩子沟通时，可以参照以下一些做法。

◆ 不在孩子面前唠叨，避免喋喋不休地说教。家长的唠叨会使孩子更加烦躁不安。

◆ 多用商量的语气和孩子说话，比如"我觉得这样……"，少用"你应该……"。

◆ 家长和孩子交流时，鼓励孩子先说、多说。对孩子关心的话，要干脆、简练地说；和孩子说知心话，那可要饱含深情地说。

◆ 如果家长对孩子的前途忧心忡忡，可以采用变通的方式，比如向孩子推荐一篇文章、一本书，目的是让孩子醒悟过来。

古之立大事者，不唯有超世之才，亦必有坚忍不拔之志。——苏轼

培养孩子的性别意识

偷得浮生半日闲的时候,我总喜欢与志趣相投的老师们聊天,聊得最多的是教育工作中的一些心得体会。

一朋友是幼儿园老师,大家都称她为赵老师,她曾经和我分享过一些工作中的故事,让我醍醐灌顶深受启发,愿借此机会和广大家长朋友们分享这些趣事。

话说最近,越来越多的家长在接孩子回家的时候,向她咨询:赵老师,打扰您了,我孩子最近喜欢问我一些难以回答的问题,比如,妈妈,我从哪里来的?我为什么站着尿尿?为什么我不可以穿花裙子?李明为什么说我像女生?

对于这些可爱的问题,相信大多数家长都哭笑不得,于是无言以对,有些家长怕把握不好这个度就模糊地回答了事:孩子,你怎么那么多奇奇怪怪的问题;孩子,你是从石头里面蹦出来的呗……

对此,赵老师对家长明确表示,孩子对这个世界充满好奇,有强烈的求知欲是一件好事,无论是家长还是父母,都要保护好孩子那如水晶玻璃杯般纯净的心,并且往里面注入真善美、温暖的字眼和温馨的事物。

千万别以为孩子小有些事情就不该懂,对诸如性别等敏感问题只字不提,其实孩童时期的性别教育也是不容忽视的一个问题。

还需要说明的是,有些父母在怀孕的时候,常常暗示要生一个男孩或女孩。可是,生下的孩子刚好与自己的意愿相反,这令他们非常痛苦。于是,他们萌发了这样的想法:不如将女孩当作男孩来养育,干脆将男孩当作女孩来培养。其结果是可想而知的,孩子的性别意识出了严重的问题。

在我国的一些地方,不少男孩子出生后,被长辈视为宝贝,从小给男孩子穿花衣服,打扮成浓妆艳抹的样子。这样一来,这些男孩子不仅外表上打扮得像女孩,而且在性格、脾气方面也趋于女性化,比如他们喜欢玩洋娃娃、爱用女孩用的书包等。

心理学家认为,三岁以前的孩子,无论男孩女孩,都可以简单地理解为无性别的孩子。这个时期的孩子可以玩相同的玩具,穿相同颜色的衣服、鞋子。所以,三岁前不必刻意强调孩子的性别区分教育。

但是,到了四五岁,随着知识的增加,孩子的好奇心会越来越强,会对许多事情感兴趣，会问十万个为什么。这些都是正常现象，是孩子成长的必经之路。这个时候，老师和家长就要让孩子认识到"男女有别"，科学地对孩子们进行引导。

曾有专家指出，现在越来越多的父母都非常关心和重视孩子青春期的性教育，让孩子学会保护自己、爱护自己，这是非常必要的。但父母往往忽视了孩子从出生就应开始的性别教育。它是对孩子进行性教育的基础，是孩子对自身了解的启蒙，也是孩子形成健康人格的基础。孩子的性别角色意识从三岁以后就开始建立了，而真正形成性别角色意识是在孩子进入青春期之后，其幼儿阶段所受的影响要比青春期孩子所受的影响大得多。

还有专家在心理咨询的实践中发现，有同性恋倾向的人，都会追溯到幼儿阶段的经历，家长和幼儿园应该对3~6岁的孩子进行适当的性别教育，传授给他们一些基本的生理知识和自我保护意识，让孩子对自己有一个最基本的认知。

小轩轩是个4岁的漂亮孩子，她有着一双水灵的眼睛，目光柔和如一弯清澈的溪水，她性格开朗活泼，时常会妙语连珠：

"爸爸，冬天为什么蚊子不出来玩？蚊子可以穿棉袄出来呀……"

"爸爸，我是不是像小鸭子那样，从蛋里面跳出来呢？"

小轩轩的爸爸是位年轻帅气的爸爸，他每次拿这些有趣的问题向赵老师求救的时候，大家都被逗乐了，童言无忌的小家伙真是大家的开心果。

赵老师亲切地建议这位年轻的爸爸："你可以用通俗易懂的言语，将问题用故事的形式给孩子解答。比如你可以在一张纸上画图，并且告诉孩子：当年宝宝在妈妈的肚子里，一天天长大，有一天宝宝想看看这个美丽的世界，妈妈就把你生出来了；就像阳台上爸爸前几天种下去的瓜籽，这两天破土而出发芽了，那是因为小芽和你一样，也想看看这个美丽的世界呀，将来它会长成参天大树，而宝宝你也会长大成为漂亮的姐姐哦。"

话音刚落，旁边一家长也快步向前："赵老师，我家男孩子经常吵着要穿漂亮的花裙子，真是让我烦恼不已，我该怎么办呢？"

经验十足的赵老师是这样给家长支招的："孩子，你喜欢的海绵宝宝是不是穿一件黄色方形的衣服呢？那我们每次看到那穿着黄色方形衣服的海绵就知道它是海绵宝宝了哦，就不会错以为它是奥特曼。同样的道理，穿着漂亮花裙子的那都是女生哦。宝宝你是男孩子哦，要有男子汉气概，我们穿帅帅的衣服，好不好？"

听完赵老师一席话，两位家长豁然开朗，露出喜悦的笑容，连声道谢并领着孩子兴高采烈回家去了。著名教育专家孙云晓认为："从理论上讲，人的发展有两个方向，第一是亲密性，第二是独立性。母亲教育的天然功能是培养孩子的亲密性；父亲教育则主要是培养孩子的独立性、责任感、约束力。父亲在帮助男孩控制自己的情感方面起着关键作用，如果没有父亲的指导和带领，男孩遭受的挫折常常导致各种暴力行为和其他的反社会行为。所以，'男孩危机'也是父教问题。"

因此，家长还要多培养男孩子的责任感，教育他成为一个顶天立地的人，让每一个男孩子充满阳刚之气。所以，社会上流行这样一种说法：女孩子要富养，男孩子要穷养。父母要敢于把重担子交给男孩子，不要太庇护、娇惯他。在家里，作为妈妈不妨表现得软弱一点，这会令男孩子坚强起来，意识到自己保护弱者、保护母亲的责任。有这样一个故事发生在美国，说是一个小男孩和妈妈一起在路上散步，结果孩子不小心摔倒在地。起初，孩子哭了起来，越哭越伤心。他的妈妈发现后，不但没有扶他起来，反而这样对孩子说："请记住，你是男的，你现在这样子，以后怎么保护你的母亲！"没多久，孩子停止了哭泣，拍拍屁股站了起来。可见，从小培养男孩子的气质非常重要。

如果家有女孩子，那就要对孩子进行形体、言谈、举止的约束和培养，培养女孩子的温柔可爱、端庄贤淑、懂礼仪的气质，因为女孩子是未来的母亲。英国著名道德学家塞缪尔·斯迈尔斯认为："女性的素养决定一个民族的素养。"所以，女孩子要特别慢养和细养，给予更多的关爱，当然也要培养女孩子的独立意识、爱心和顽强品质。

在生活中，只要我们用心去观察，不难发现，每个孩子心目中都有个充满梦幻色彩的小世界，我们用美丽的小故事当钥匙，就可以开启孩子心中美丽世界的大门，去探索到更多来自孩子的有趣奥秘。

贴心提示：如何帮助孩子树立性别意识

帮助低龄孩子们树立正确的性别意识并非一朝一夕的事，需要父母和老师用充满智慧的语言去慢慢引导孩子。

◆ 当孩子追问一些深奥的问题时，家长不可充耳不闻、视而不见，更不可捏造诸如"你是从天上掉下来的"、"你是我捡来的"这类虚假事实，要知道，孩子还小，没有足够的能力去辨别是非对错，正因为如此才需要我们耐心地引导。聪明的老师和家长通常会用一些生动有趣的故事去描绘一些复杂的事情，便于孩子的理解。

◆ 如果条件允许，不妨多陪陪孩子一起看动画片，"知己知彼"方能和孩子愉快地沟通，边看动画片边和孩子谈论"宝宝，你看，那个带着漂亮蝴蝶结的是女生哦"、"宝宝，你再观察那个留着胡子的大叔和那穿着围裙的妈妈有什么不同……"通过对动画片的谈论让宝宝对性别有个感性的认识。

◆ 在家时，常和孩子玩一些角色类游戏，用游戏分工的方法让孩子了解性别差异，时下流行的亲子游戏有"喜羊羊和灰太狼"、"天线宝宝"、"海绵宝宝"、"奥特曼"等，一家人其乐融融地陪孩子玩着游戏，享受天伦之乐是多么美妙的一件事，还能帮助宝宝学到更多知识呢。

教育的价值并不仅仅在于使人获得谋生的手段，它的价值还在于能够使人更像一个人一样生活。 ——崔中平

学习优秀哪有这么难

每逢中考、高考前夕，小城的孔庙人满为患，家长们纷纷在孔庙里烧香许愿。听孔庙的管理人员说，有不少家长连夜赶来排队等候，足足等上六七个小时，家长们的虔诚令人感动。但从另一个侧面反映出，现代家长对孩子的期望值很高，都希望孩子鲤跃龙门。

高女士是一个事业有成的母亲，唯一让她感到担忧的是孩子的学习。她的孩子不仅学习成绩差，还厌烦学习。

相信读者朋友遇到这样的情况，肯定也会跟高女士一样心急如焚。为此，高女士找过孩子的老师，还想把孩子寄宿在老师家里。结果，老师对高女士说："你的孩子还有潜力，学习优秀哪有这么难呀？"

老师的话让高女士疑惑不解，想想自己都已经为孩子请了家教老师，可孩子的学习成绩却依然毫无起色，莫非是孩子的智商有问题？于是，高女士将孩子领到医院测试智商，结果智商非常正常，没有任何缺陷。高女士依然不放心，还特地将孩子送到心理咨询中心诊疗。这样折腾了好长一段时间，孩子的成绩不但没有进步，而且萌发了不愿意学习的念头。

高女士越想越焦急，就像热锅上的蚂蚁，便又去找老师商量对策。老师告诉高女士，孩子学习不好是长期积累的结果，想要立刻变得优秀起来，并不是一件容易的事情。

老师还告诉高女士，天资固然重要，但并非对学习起决定性作用，有相当一部分天资一般的孩子通过后天努力也能出类拔萃。

心理学家研究表明，影响孩子学习的主要有三大因素：智商、情商和环境。在智力正常的情况下，孩子的学习主要由情商决定，当然不排除环境的影响。高女士的做法，看似已经为孩子的学习付出了很多心血，但她看到的只是孩子的成绩，却不知孩子成绩差的真正原因，这是极盲目的做法。

想让孩子学得轻松又优秀，这或许是每一个家长的愿望。孩子上学后，家长首先要培养孩子的学习能力，重要的是培养阅读能力、思维能力、行为习惯和学习兴趣。

培养孩子的这些能力，是一个长期的过程，还可能需要老师的协助。孩子的阅读能力是孩子学习的最基本能力，得从小培养。**学习优秀的孩子都有很强**

的阅读能力，而阅读能力突出的孩子，他的学习能力同样不会很差。

周国平先生曾这样说："我想是这样的，一个孩子生长得好，他优秀，以后对付具体的事情是很容易的。我女儿就是这样。我和她妈妈都是爱读书的人，她整天就看到我们拿着一本书在看，而且家里面最多的东西是书，有几万册，满墙都是书。在这样的环境里，很自然地就养成了读书的习惯。养成读书习惯以后，考试也容易了，语文成绩很好。她上的学校是一个很好的学校，一个孩子每周上三四个课外班是很普遍的现象，只有她一个是什么课外班都不上的，但是她的成绩在班上是最好的。这个肯定靠的不是应试，而是素质教育，即综合的教育，这个方面好了以后，应试不是难事情。"

至于孩子读什么书和怎么读的问题，这可能是许多家长比较烦恼的问题。这时候，家长可以和老师协商一下，制订一个比较详细又容易操作的阅读计划。有了计划之后，如何实施又是一个问题，同样需要家长和老师共同引导和监督，帮助孩子养成爱读书的习惯。

有经验的老师，还会建议家长多培养孩子的思维能力，因为好的思维能力会使孩子的学习有质的飞跃，达到四两拨千斤的效果。

几年前，我碰到一个思维特别活跃和敏锐的孩子。他在做数学题目的时候，就像庄子所说的"庖丁解牛"故事一样，不到3分钟就能把一道难题非常完美地解答出来。有意思的是，他在学习上所花的时间不多，但学习成绩一直名列前茅。这就是思维能力的力量。

孩子在学习中，最重要的是形象思维、逻辑推理思维和举一反三的思维。培养孩子的思维能力，重在启发。有条件的家长，最好早点培养孩子的思维能力。家长可以和孩子一起玩一些拼图、走迷宫等智力游戏，在玩中开发孩子的智力。

如果孩子的思维比较一般，家长可以和老师沟通一下，让老师协助家长设计一些提高思维能力的有效方案。

如果说阅读能力和思维能力都是学习的基本条件，那学习意识则是学习的强大动力。孩子学习意识不强烈，有一个重要原因就是生活在温室中，感受不到生活的艰辛。比如，港台地区为了让孩子体会到父母工作的辛苦，专门开办了"父母工作体验"场所。孩子进入此场所，既能找到父母所从事的工作，又切身体验到父母的工作。据说，许多孩子体验后，变得更加懂事，学习更加

读一书，专取一个注意点；读第二遍，另换一个注意点。这是最粗的方法，其实亦是最好的办法。——梁启超

努力。

我们常说"穷人家的孩子早当家",这话有一定的道理。虎门销烟英雄林则徐一方面教子要"敬师勤读",另一方面重视实践,教子学种庄稼,认为"农民为世间第一等最高之人",并督促孩子"黎明即起,勤学稼穑",还强调"读书贵在用世",真可谓煞费苦心。

家长也要注意教育的方式,重在以自己的言行和人格魅力影响孩子,比如著名作家梁晓声在孩子小时,就顺其自然,以正面引导为主,他曾对孩子谈过:"有机会接受高等教育对人的一生很重要,但不是绝对的,丘吉尔、巴尔扎克上中学时都不是成绩好的学生。关键是根据个人的条件选准人生的坐标,定好位,发挥自己所长。"在梁晓声的教育下,他的孩子不仅学习优秀,而且懂事,会体贴别人。

所以说,要想孩子学习优秀并不难,关键在于家长能否抓住教育孩子的最好时机,增强孩子的学习意识,培养好孩子的各种能力和习惯,并且及时锻炼开发孩子的情商和智商。

贴心提示:如何提高孩子的学习成绩

没有一个孩子是学不好的,只有不努力学习的孩子,除非他有天生的智力障碍,否则提高孩子的学习成绩并非难事。

◆ 帮助孩子建立适合自己的学习模式。成绩优秀的孩子都有自己独特的学习模式和学习策略,家长可以让孩子思考利用什么样的学习方式收效最大。

◆ 排查阻碍孩子学习的因素,比如生理、心理、环境等因素。如果孩子过于肥胖、体弱多病、心理忧郁等,均不利于学习。家庭环境不够和谐、师生或同学间关系不够融洽都有可能影响孩子的学习。

◆ 让孩子学会自我管理。给孩子创造一定的宽松空间,端正孩子的学习认知,调动孩子的学习热情,才能发挥孩子的主观能动性,学会自律。

◆ 经常给孩子心理暗示。家长不在孩子面前唠叨,多鼓励孩子,把孩子的潜能挖掘出来。家长应当避免将孩子和别的孩子作比较,因为这样容易打击孩子的自信心。

如何才不会伤害孩子

几年前,我看过一部叫《刮痧》的电影,叙述了中国移民在美国定居的故事,留给我印象最深的是这样一个片段:有一天,许大同夫妇5岁的儿子丹尼斯突发高烧,许大同的父亲用传统土方刮痧为孙子治病。第二天,丹尼斯被单独留在了家里,又不小心掉下床磕碰了头,结果被邻居发现了,他们认为将孩子单独留在家是不称职的表现。没过多久,丹尼斯就被送往医院急诊,医生在检查时发现他背上有淤血(因刮痧留下),断定孩子在家受到了虐待,丹尼斯的父亲许大同因此被告上了法庭。

虽然这是中美文化的差异,但这足以说明这样一个事实:美国人非常重视保护孩子。在美国,未满12岁的孩子不能被父母单独留在家里,更不用说照顾弟妹,因为这是犯法的,父母要被起诉。如果家长出现暴力教子的现象,就会失去监护权,甚至进监狱。

反观国内,把孩子单独留在家里是非常平常的事情。家长由于自身工作繁忙,又一时找不到其他监护人,于是就把孩子单独留在了家里。实际上,这样的危险系数还是存在的。2011年4月,《法制晚报》报道说:"近年来媒体公开报道的40起儿童坠楼事件,发现坠楼儿童中男孩居多,占总人数的七成以上。八成坠楼儿童的年龄在2~6岁。此外,近六成儿童是从3楼至6楼坠下。坠楼事件中,近八成的儿童因家中未安装防护栏而从窗户或阳台坠下,独自在家的儿童接近六成。"

孩子的年纪越小,越不具备对危险因数的感知能力,且自制能力越差,越缺乏生活经验,更容易发生危险事故。

也许有家长会说,如果安全措施做得比较好,貌似不大可能会给孩子的身体造成大的伤害。可我们不要忘了,孩子还小,把孩子单独留置家中是不称职的表现。**安全因数是一回事,孩子的心理损伤同样不容忽视**。有些孩子由于被单独留置家中,产生悲观、恐惧、孤僻、自我封闭等心理。

有一个读小学三年级的小女孩,有一次父母外出工作,孩子就一个人留在了家里。孩子觉得无聊,躺在床上看天花板上的灯。奇怪的事情发生了,孩子看着看着,突然发觉电灯里有一个鬼怪出现了,一闪一闪地朝她微笑。然后,她越想越怕,用被子把自己裹得严严的。等父母下班回来,孩子已经变得沉默

教育始于母亲膝下,孩童耳听一言一语,均影响其性格的形成。——H. 巴卢

寡言。从此,"屋里有鬼"这个印象深深地留在了孩子心里。孩子一到晚上,就特别怕黑,最怕单独留在家里。

如果说把孩子单独留置家中只是一时的,那把孩子留守在家里则是长期的,给孩子造成的伤害更多。一些父母由于外出工作、做生意、工作繁忙、离异、配偶去世等原因,把孩子托付给亲戚或朋友,成了留守儿童。有些家长为了让孩子能接受更好的教育,在异地租房或购房,把孩子托给老师带。我们在大街小巷里总能看见许多"全托"、"半托"、"师带生"的广告且生意兴隆。这是一种新的"留守儿童"模式。

有些经济发展落后的偏远地区,由于家庭负担比较重,家长不让孩子接受义务教育,还存在"童工"现象,这都已经触犯了法律。

在孩子成长时期,父母的照顾和陪伴是无人可替代的。父母的爱就像温暖的阳光,让孩子的心灵健康成长,为了工作和生意而弃孩子于不顾,这是舍本逐末的做法,对孩子来说是一件非常残酷的事情。我们且不说把孩子托给老师或亲戚带,孩子一日三餐会不会跟得上,更重要的是孩子与父母之间的感情会一天天淡化,到最后有了隔阂,这估计是父母不愿意看到的。

但事实的确如此,我接触过一些从小就寄托在老师家的孩子,不仅感情冷漠,而且内心封闭,行为胆小自卑,叛逆敏感,常常有各种极端的情绪变化,比如对人喜怒无常,还有可能仇恨社会。我还问过一个全托在家教老师家的孩子,他的最大愿望不是学习成绩好,而是希望能天天见到父母。所以,父母所谓的"省事"可能会毁了孩子的一生,因为这带给孩子心灵上的伤害将是一辈子的。

我想说的是,也许很多家长都没有从孩子角度看待问题,正大光明地把孩子留置家中都是大人的思维。如果你是爱孩子的家长,那应该多体谅孩子的成长心理。作为父母,在孩子未成年之前,最好能够留一人照顾孩子,这是维系孩子与家长之间感情的重要纽带。

我国的《未成年人保护法》就明确规定,未成年人的父母,必须履行好家庭保护的职责。2010年9月,河南省人大常委会议二审通过《河南省未成年人保护条例(修订草案)》,此条例规定:"不得将未满7周岁的未成年人单独留置家中","不得将未成年人单独留在机动车内","不得安排未满12周岁的未成年人在机动车副驾驶位置乘坐"。河南省的做法细化了我国的《未成年人保护法》，而且首次明确规定了不得将未成年人单独留置家中的规定，很值得其他省市推广。

如果说将孩子单独留置家中是家长忽视了孩子，那将孩子送进各种培训班则是过度重视孩子，这同样不好。很多父母为了提高孩子的学习成绩，一有空余时间，就会把孩子送进各类学科补习班，比如英语、奥数、书法和音乐班等。值得注意的是，现在很多父母给孩子选择兴趣班，常常单纯把兴趣班学习和以后的考试加分联系在一起，并口口声声地说是为了孩子的将来。如果以牺牲孩子的休息时间来换取兴趣班的学习，那也会对孩子的心灵造成巨大伤害，是没必要的。

父母还不停地给孩子找补习老师，即便孩子的成绩很优秀，家长也要把孩子送去补习。在我所在的小城里，孩子补习成了一种风尚，不补习似乎成了一种落后。不管家庭经济状况如何，父母都愿意出钱给孩子找补习老师。所以在这种情况下，父母辛苦，孩子也辛苦。

鲁先生的孩子在读小学四年级，有一次开家长会，老师建议孩子们去学奥数，因为奥数获奖的孩子进入重点中学的概率比较大。按照老师的要求，鲁先生把孩子送到了奥数培训班学习。可实际上，鲁先生的孩子什么都没学到。

如果家长遇到这类问题，可不是小事情了。我们知道，孩子参加奥数学习，这对增强孩子的思维能力的确有帮助。可惜，很多孩子常常因此走向反面，因为学奥数而失去学习信心，更不用说心灵的愉悦了。

实际上，这是一种强迫孩子学习的行为，同时还是一种"教育事故"。如果孩子从小接受这种强迫教育，那是非常恐怖的一件事情。

很多心理学家研究表明，人在被动状态接受学习，其效果非常不好，还可能出现负效应。古希腊著名哲学家柏拉图说："强迫学习的东西是不会保存在心里的。"强迫学习会使很多孩子的学习效率低下，不会主动学习。长此以往，孩子的自主学习能力便会退化。

家长强迫孩子做这个做那个，很容易使孩子产生逆反心理。有家长说，我们这样无非是为了孩子好。可是，家长有没有真正考虑过孩子的感受呢？有个孩子多次被家长送去学作文，导致后来一写作文就头疼，心里很讨厌"作文"这两个字。这只是一个极端的案例，但这个例子说明家长强迫孩子学习会产生怎样的恶果。

孩子还小时，给他们深根；等他们长大了，给他们翅膀。——印度谚语强迫学习只会产生一时的效果，不会使孩子发自内心地接受家长的意见，因为这里面缺乏尊重。苏联教育家苏霍姆林斯基说："教育技巧的全部奥秘也就在于如何爱护儿童。"

家长的素质关系到孩子未来的成长，也影响着孩子的素质。做一个好家长，同时给予孩子一定的自由，这不仅让孩子拥有美好的童年，也使孩子变得更加懂事和受人欢迎。

贴心提示：适当奖励孩子

家长不需要贿赂孩子，但需要适当地给予孩子奖励。对孩子而言，适当的奖励能带给他暂时的快乐，能让孩子感受到自身的价值。

◆ 奖励孩子的方式很多，比如玩具、书籍、小礼品、旅行、丰盛的晚餐等，可以让孩子说说自己所期待的奖励。

◆ 如果孩子能帮助家人做事，比如整理房间、照顾弟弟妹妹，家长要及时给予奖励。

◆ 如果孩子改正了错误，家长可以竖起大拇指夸奖孩子，这能让孩子感到满足。

◆ 如果孩子能独立学习，或有了进步，家长可以给孩子买一些书籍作为奖励。

◆ 如果孩子遇到困难，如不会刷牙、学习成绩不好等，家长最好能陪伴孩子看一场有趣的电影，或送给孩子一些小礼物。

梁实秋说："谈话，和作文一样，有主题，有腹稿，有层次，有头尾，不可语无伦次。"父母在与老师沟通时，同样需要对话的技巧。掌握好了，可以让你的沟通有质的飞跃，真正收到实效。

第四章
怎么说，沟通才愉快

揭下老师那神秘的面纱

"加油，老师！"

别让情绪成为你的主宰

停止争论，学会倾听

别向孩子隐瞒沟通内容

细节决定成败

小测试：你的孩子是好孩子吗

揭下老师那神秘的面纱

与老师有过交流的父母，可能有这样的经历：因为不熟悉老师而觉得不好沟通，因为不了解老师而产生误会……

这几年来，有不少父母向我咨询如何与老师沟通的问题，我经常这样问他们："你了解这个老师吗？"很多父母傻了眼，他们果真对老师知之甚少，有的父母压根儿对老师一无所知。

事实上，良好的沟通从了解对方开始。所以，家长在与老师沟通之前，应该想一想：你了解老师吗？

1. 老师的类型。

老师由于性格或生活环境不同，有多种类型。家长在与老师沟通时，也要考虑老师的性格特点。

外向型老师。这类老师活泼、热情、大方，喜欢与人接触，家长可以通过面谈的方式与老师沟通。

内向型老师。这类老师内敛、安静、不张扬，不善于与人交往。他们内心善良，默默无闻地工作，即使作出了成绩，也不喜欢张扬出去。比如王女士的孩子在读小学三年级，她发现孩子的老师不大愿意与人交流，每次打电话，没说几句就挂了，但孩子在老师的管教下，学习成绩一直很好。王女士为了感谢老师，特地去学校看望老师，哪知老师只是淡然地笑了笑。另外，内向型老师不大会主动联系家长，需要家长多加联系。当家长碰到这类老师时，可采用书信、短信、电子邮件、QQ等方式进行沟通。

当然，世上没有绝对内向或外向的老师，有些老师的性格在内向和外向之间，也即所谓的"半内向型老师"或"半外向型老师"。这类老师的性格比较沉稳，又有热情的一面，比较适合面对面的沟通。

严肃型老师。这类老师成熟、深沉、严肃，甚至有些古板。学校里有不少这样的老师，为了管好班级，常常板着脸，一副凶狠的样子。他们不大喜欢微笑，连说话都一本正经。我碰到过一个老师，他一直非常严肃，常板着脸和家长说话，与他说话的人自然会有一种压抑感。所以，不仅学生怕他，连家长也怕他。家长遇到这样的老师，在面对面沟通时，最好以幽默的语言缓和一下气氛。当然，家长也可以通过电话等方式和老师交流。

可爱型老师。这类老师往往以年轻人居多，给人的感觉是稚气未脱，容易接近。他们具有很强的亲和力，而且会主动找话题和家长沟通。当家长遇到这类老师时，可以在十分轻松的环境中交流。

耿直型老师。这类老师无话不说，可能会说些伤害家长的话。我碰到一个家长，她曾向我抱怨，说自己被老师狠狠地批评了一顿。当家长遇到这类老师时，千万别和老师过不去，应多从老师的角度思考问题。说话直截了当的老师，会直接把孩子的问题反映给家长，这对家长了解孩子非常有益。

顽固型老师。这类老师思想保守顽固，喜欢钻牛角尖，既不喜欢听取别人的意见，也不喜欢采纳别人的建议。不过，这类老师并不是很多，当家长遇到这类老师时，又该怎么办呢？不管怎样，家长都应先肯定老师的工作，坦诚相待，思想顽固的老师也有闪光点。有时，当家长与老师意见相左甚至出现抵触时，家长可以不同意老师的观点，但要尊重对方的表达权利，正如法国思想家伏尔泰所说："我并不同意你的观点，但是我誓死捍卫你说话的权利。"有时，家长的情感会感化顽固型的老师，最终收到一定的效果。

其实，只要家长细心观察就不难发现，**老师虽然性格迥异，但他们都有一颗热爱教育、关爱孩子的心，都把孩子的健康成长当作自己的使命，都愿意和家长一起为孩子创造良好的教育环境。**

2. 老师的工作。

早在唐朝的时候，大文学家韩愈就说过："师者，所以传道受业解惑也。"在现代人看来，在一般的学校里，老师担负两大重任：教学和育人。教学就是韩愈所说的"受业"，传授学科知识，帮助学生打开知识宝库的大门。而老师的育人职责则是重中之重，老师不仅要懂得心理学、教育学、文化学等知识，还要了解孩子的性格、心理、成长等特点，不仅要管理好孩子，还要把正确的人生观、价值观和世界观灌输给孩子，为孩子成长输送各种养料。在整个教学过程中，老师还担负着孩子在校期间的安全工作，孩子有问题，还得及时与家长联系。总之，老师工作的出发点就是一切为了孩子，为了孩子的一切。

3. 老师眼中的好孩子。

在我们的社会里，"好孩子"不仅学习成绩优秀，而且各方面表现出色。但在很多老师眼里，"好孩子"即为"乖孩子"，在学校里不吵不闹，遵守纪律，对老师的话言听计从，而且学习成绩优秀。至于那些吵吵闹闹、影响课堂

> 一位负责任的教师，不仅要教给学生以眼前的知识，更要培养学生有利于未来、有利于人类的个性。　——魏书生

纪律、学习成绩比较差的孩子，则被称为"问题孩子"。老师最头疼的是那些调皮捣蛋的孩子，因为这些孩子经常惹老师生气。那些性格内向、不合群的孩子，也经常被老师忽视。

4. 老师喜欢什么样的家长？

常有家长在和老师沟通之后，对我说："好像老师不大愿意和我说话"、"老师有偏心"……说到老师喜欢什么样的家长，这是一个见仁见智的问题。每个老师心目中对"好家长"都有不同的定义标准，正如一千个读者心中有一千个林黛玉那样。只要是知书达理、谦虚礼让、心胸宽广的人，有谁会不喜欢呢？让老师喜欢的家长必然也是一个品行优秀、能够尊重别人的人。

5. 老师希望家长主动交流吗？

我当过老师，有过这样的感受：很多老师希望家长能主动与自己沟通。老师平日里工作很忙，若非孩子发生了特殊事情，老师平时不一定会有闲暇的时候找家长沟通交流。既然如此，就把这个主动权交给家长吧，一般情况下，老师对那些积极主动找老师沟通的家长是持肯定态度的，老师当然非常乐于和家长就孩子问题进行愉快交流呢。

6. 老师的教育方法适合孩子吗？

好老师固然有一些优秀的教育方法，但未必适合每一个孩子。我们常说，孩子就如同树叶，每一片都不相同。

在传统学校教育中，学校面向整个社会，老师有权选择学生，但家长和学生对老师的选择余地很小，往往是学生被迫适应老师的教育方法。而在西方许多国家，家长与老师的互动性极强，家长有权选择学校，也有权选择老师。

好的学校教育应是为社会提供丰富的教育资源和良好的服务，任由家长和孩子挑选合适的教育资源（包括选择老师）。我想，这应当是未来教育的一大趋势。

7. 遇到棘手问题，有些老师爱推卸责任。

有部分老师遇到一些棘手问题，比如孩子生病、不爱学习、打架、摔伤等，他们可能会不大愿意承担孩子问题的责任，而喜欢将它推卸给家长。当然，这类老师毕竟是极少数，他们爱推卸教育孩子的责任，最大的原因是担心孩子出了问题，家长找他们麻烦。其实，这不是一种明智的做法。老师越是这样逃避责任，越会让家长反感。

当然，孩子出现了问题，家长也得换位思考，尽量减少彼此之间的摩擦。

总之，家长了解老师是沟通的前提。而信任老师，对老师的工作给予理解和支持是沟通的良好开端。

贴心提示：如何快速了解老师

家长了解老师有很多渠道，不妨参照以下做法。

◆ 通过孩子的信息反馈。家长可以让孩子多说说老师的情况，这是一种比较好的了解方式。

◆ 直接接触老师，观察老师的言行举止。有时，家长还可以从老师的穿着打扮了解老师的性格特征。

◆ 通过其他老师了解某个老师，切忌打听老师的隐私。

◆ 了解社会对某个老师的评价。

◆ 观察老师对孩子的作业批改情况。

教师培养学生，主要是教会他动脑筋，这是根本。这是教师给学生的最宝贵的礼物，就是给他一把钥匙，他拿了这把钥匙能够自己开箱子、开门，到处去找东西。——吕叔湘

当老师生气的时候，我最想对他（她）说什么？

我想对老师说："老师，您不要生气了，我们会好好学习的，以后我会给您考个满分。"

我对老师说，换个地方呐喊一下（山上）或怒伤肝。

还是不生气时要可爱。

我想对她（他）说："对不起，惹您生气了。"

我最想对他（她）说什么？老师请您不要生气了，对他发脾气不好，如果要生病了我们就不能在上你的课了。

我最想对他（她）说："笑一笑，十年少。"

我会说老师啊！每天要高兴的过完，那才叫生活呀！

我最想对她说："对不起，我们太顽皮，让您操心了。"

我想对她说："老师你不要生气，小心脸上有皱纹多哦。"

我会跟老师说："要淡定，如果真的不能淡定，你打我好了。"

我最想对他（他）说："不要生气，放松心情，静静恕本是俩姐妹。"

该想对他坐很通任相。冲动是魔鬼——请您喝口水，亲爱的老师。

觉生气，气坏伤身体，气坏身体没人疼，气坏身体没医，生气了就不可爱了。

我最想她说："老师您不要生气，您需要向我解决的事求，要喝一杯降火水呐！"

息怒，息怒，羞哉羞哉。

我会说："老师，你真凶，你已经生气我留下你，明要好好改过这样好不好？"

老师不要生气了，你这样会让我难受的，况且生气又不能解决什么问题，静下心来。

老师不要生气，眉头皱成一块就不好看了。我喜欢你笑起来的样子，那样才可爱。

当老师生气的时候，我想对他说：不要生气啦，生气脸都会成一块会对地说：生气会长小痘痘的哦！

"加油，老师！"

很多时候，家长常期待老师鼓励孩子，可唯独没想到自己鼓励老师。作为老师，我非常清楚自己的角色和担负的职责。我始终觉得，老师也需要家长的鼓励，这是对老师工作的最好支持。有一年，我碰到一个乱班，学生上课说话，吃零食，随意走动，有时还吵架。那时候，我总提心吊胆地去上课，生怕出乱子，对不住孩子的父母。我想尽方法让班级的孩子安静下来，有时给他们说说故事，谈谈明星，聊聊吃穿……但是，这个班级的孩子实在非常聒噪，合作意识不强。

正当我一筹莫展的时候，有家长向学校领导告状，说我所教的那个班级特别闹。我能理解家长的想法，可是，这样一来严重打击了我的自信心。我是多么希望有家长向学校领导反映我的好，哪怕是说一句鼓励的话，我也会信心百倍。

有个当老师的朋友也遇到了类似的情况，他非常失望地说："哪知道自己辛辛苦苦为孩子们做了那么多，没有功劳也有苦劳，居然没有一个家长过来鼓励我。"我很同意他的看法，因为每个老师都有缺乏信心的时候。

把老师当作自己的盟友，把鼓励当作生活的常态，这不失为一种比较好的合作思想。 家长和老师是两个不可分割的整体，在教育孩子方面缺一不可，没有所谓的"好老师胜过好父母"或"好父母胜过好老师"的说法。

教育孩子如同马拉松赛跑，需要十足的自信和耐心。如果老师是新手，既缺乏工作经验，又有许多教学和管理上的困惑，他们每做一件事情，都是一种尝试，最需要家长的认可和鼓励了。

如果老师带新生班级，对班上孩子不甚了解，可能很难正常开展工作，这也需要家长支持和鼓励。

如果老师的工作特别辛苦，比如很多时候，老师为了提高孩子的学习成绩，起早摸黑地工作，尤其是带毕业班的老师，他们为孩子付出的时间和精力更多，就更需要家长赞许和鼓励了。家长的鼓励，既是对老师工作的肯定，也是对老师工作的期待。

如果老师遇到特殊情况，比如老师生病住院或参加比赛等，同样需要家长的鼓励。有些老师在生活中遭遇到不幸和重大打击，心情黯淡，难免会将情

> 皮鞭不仅会降低孩子的尊严，也会毁掉孩子的心灵，会在心灵中投入最阴郁、最卑鄙的阴影：畏缩、怯懦、仇视人类和虚伪。——苏霍姆林斯基

绪带到课堂上来。有些老师到了更年期，脾气特别暴躁，动不动就批评学生。在这些情况下，家长要理解和宽待老师，老师也是人，站在老师角度看问题更能促进沟通。

另外，孩子有了进步，离不开老师的付出，家长应该鼓励和感谢老师。

有一次，马老师跟我聊天，谈起发生在他班上的一件事：他班上有一个叫小凯的孩子，特别爱说谎。他很少按时上交作业，但总有很多理由，不是作业丢在家里了，就是作业本被人拿走了。有好几次，小凯觉得上课无聊，瞒着老师溜出校园。马老师知道后，立即打电话给小凯家长。接电话的是小凯妈，马老师把小凯逃学这件事告诉了她。小凯妈一听就火，很想把孩子狠狠地批评一顿。

马老师还说："小凯逃学不是一次两次了，已经发生很多次，还在老师面前说谎。"

小凯妈说："想不到孩子变得这么坏，真是没出息啊。"

马老师说："您的孩子还有挽救的机会，我们得想办法帮帮他。"

小凯妈听后，高兴地说："我们做父母的，都希望自己的孩子有出息。您有什么好的方法，就尽管做，我支持您。"

经过一番谈话之后，马老师大致了解到了小凯在家的表现。于是，马老师对小凯妈说："我想让小凯来当班级的纪律委员，以此来约束小凯的散漫行为，不知道您有什么意见？"

小凯妈说："我就怕这孩子到时候不听话，自己都管不住自己，会不会影响到其他同学？怕您的这番苦心白白浪费掉。不过，您有这样的想法，我是完全支持的。"

马老师想了想，说："是啊，我也不清楚结果会怎样。既然有您的支持，我就先试试看看。"

有了小凯妈的全力支持和鼓励，到了班会课的时候，马老师把自己的想法告诉了班里的学生，说道："我想在班级增加一个纪律委员，想让小凯同学来担任。"

当马老师宣布这一消息的时候，班上炸开了锅，孩子们在底下议论纷纷，对小凯的能力表示出怀疑。而此时的小凯则像被什么击中了一样，表现出前所未有的吃惊。

最后，小凯当选了纪律委员。从那以后，小凯变化很大，不仅再也没逃过学，而且作业也能按时交了。

小凯妈也慢慢发现孩子有了不少进步，就打电话告诉马老师说："孩子果真变好了，谢谢老师的帮忙。只要对孩子有好处的事情，我都支持您。"

小凯妈的肯定和鼓励，让马老师信心大增，他继续鼓励小凯管理好班级。没过多久，小凯俨然成了马老师的得力助手，把班级的纪律管得井然有序，令很多同学刮目相看。

这是一个很普通的例子，家长的鼓励的确起到了很大的作用，而这样的鼓励使老师在工作上更加细致和用心。

有这样一位英语老师，他在一所中学里实习，由于缺乏教学和管理经验，他的课堂乱哄哄的，连喜欢学习的孩子都失去了信心。家长知道后，纷纷打电话向学校领导反映情况。领导查明情况后，没有调换老师，而是让实习老师继续任教，并且建议家长多肯定和支持老师的工作。班主任知道这件事情后，向家长解释了原因，还希望家长能够配合实习老师的工作，建议家长给实习老师发些关切和鼓励的短信。

等周末的时候，有不少家长给实习老师发了信息。有家长说："人生难得几回搏，相信新老师能够在拼搏中创造奇迹。"有家长说："这是人生的必经阶段，您还年轻，会做得更好。"有家长说："相信新老师会用一颗年轻的心感化这些孩子。"还有家长说："老师，我们都支持您的工作。"……

看着这些祝福语，实习老师流下了感动的泪水，他决定反思自己的教学和管理行为，并暗下决心，提醒自己一定要成功。不但如此，实习老师还经常跑去听课，找老教师请教工作问题。

有了家长们的支持和鼓励，实习老师信心十足，也逐渐改变了以往的教学方式，孩子们的不满情绪慢慢地消失了，取而代之的是赞许和欣赏。

我们可以设想一下，假如班主任没有及时向家长解释，假如家长不鼓励实习老师，而是像孩子们一样抱怨、指责老师，那结果可想而知，这个班级只会变得更糟糕，甚至出现对立局面。我们可以毫不夸张地说，**家长的鼓励是老师工作的润滑剂，能够增强老师的信心，让老师展示出更加出色的才华。**

鼓励如一阵春雨，能够润化人的心灵，也能让老师更加有精神，战胜工作和生活的种种困难。

A=X+Y+Z。A代表成功，X代表艰苦工作，Y代表休息，Z代表少说废话。　——爱因斯坦

总之，每个人都一样，都需要别人的赞许和鼓励。孩子的成长离不开老师的关心和帮助，而老师兢兢业业地工作，则离不开家长的支持和鼓励。不可否认，在老师的工作道路上，需要家长的鼓励，您可以大声地为老师呐喊："老师，您加油！"

贴心提示：怎样鼓励老师

家长鼓励老师要注意方法。

◆ 描述你的真实所见。对老师的辛苦付出，家长可以由衷地感谢，比如"老师，您辛苦了"、"感谢老师的辛苦付出"、"孩子交给您，我放心"等。

◆ 家长的鼓励要合情合理，说自己的真实感受。对老师提出的建议，家长也要仔细分析，看看老师的建议是否合理，关键是对孩子成长是否有利。如果老师所提的想法不合理，家长也可以委婉地提出自己的观点一起讨论，家长当然用不着鼓励。

◆ 鼓励不是溜须拍马。有些家长把鼓励老师当作向老师讨好，甚至献媚，这是非常不可取的做法，有虚情假意的嫌疑。

◆ 家长在鼓励老师的时候，也可以提提自己的想法，多配合老师的工作。

◆ 不仅家长鼓励老师，而且要让孩子认可老师，鼓励老师。

别让情绪成为你的主宰

人生就像一出戏剧,每天都有演不完的戏,而这样精彩的戏剧又是由人的情绪直接或间接扮演。很多时候,是情绪导演了一出又一出的戏剧,这在沟通中显得更加明显。

小艺是小学四年级的学生,读书还算努力,可成绩一直不好。有一次数学考试,小艺只考了32分,更让老师生气的是:这孩子还在试卷上画画,一张试卷变成了一幅画。成绩出来后,老师立即把小艺家长叫到学校。家长到了学校,老师一把拿出小艺的试卷,哭笑不得地说:"你看看你的孩子,哪里像是在学习!"说着说着,又冒出一句,"你做家长的,是怎么教孩子的?"

我曾经就这个问题咨询了五位家长,其中一位是小艺的家长,和他们一起探讨这个话题。这五位家长都聊起了自己和老师之间的交往经历。有一位家长还被老师当面训过话,他说:"一个大男人,居然被一个年纪比他小的女老师训话,心里实在不好受。当时,如果不是看在其他老师的分上,我肯定要骂她几句。"面对老师的责难,家长的第一反应常常是心理不平衡,表现出愤愤不平的情绪。

当我问起家长该如何处理老师的抱怨时,这些家长纷纷说听不下去,认为老师最好不要在家长面前发火。这说起来有点道理,但只是一厢情愿的想法,因为每个人都有发火的时候。如果学生的表现实在不好,老师对学生家长发火也是可以理解的,**关键是家长要有耐心听下去,因为很多时候,家长和老师沟通的失败在于管理情绪的失败。**

有情绪并非坏事情,核心在于如何管理情绪。有句古话叫"多一事不如少一事",我们在和别人争论时,总希望将情绪置于问题之外。实际上,这样的做法非常难,因为隐秘的情绪更可怕,会使对话蒙上沉重的色彩,让双方互相猜疑。

如果家长在和老师谈话时,发现自己被老师误解,感到自己有心理伤痕。虽然他未把这样的情绪直接表现出来,但已留下了某种阴影,比如产生抵制或防备心理,有时还表现出不耐烦的姿态。如果这样的隐秘情绪累积到一定程度,还有可能在谈话中爆发出来,损害沟通双方的人际关系。那么,一场对话将变得非常困难。

就刚才所举的小艺这一例，家长们认为老师不应该发火，其背后的潜台词是：老师要为人师表，发火有损老师的形象。支持上述观点的家长不是没有，而且有相当大的数量。我想说的是，我们不能因为对方有情绪就认为是素质不高的体现。每个人都有情绪，好人也有坏情绪，这不是他的错。

　　很多情况下，我们只在乎自己的情绪，却忽视了他人的情绪。其实，每个人的情绪都很重要，因为情绪能透露出对方的真实想法。比如老师对家长发火，这可能传达出老师对孩子教育的失望，或者说孩子所犯的错误让老师坐立不安。同样，家长对老师发火也可能反映出老师在工作上的失职。

　　情绪源于某种认知的偏差和矛盾。有时候，家长对老师的工作存在认识上的偏差，对老师不够信任，认为没有必要听取老师的意见。于是，家长将不满情绪发泄到老师身上。

　　最常见的是指责。孩子在学校出了问题，家长在第一时间想到的便是老师，并会借用指责表达情绪。但是，指责解决不了问题，反而会激化矛盾，对解决问题制造障碍。

　　也许有家长会说，指责老师有错吗？当然有错，因为这是一种非常有预谋的构思。当指责穿上情绪的外衣，来势汹汹地进攻对方时，我们已经不尊重对方。

　　很多情绪都因为指责而起，可见这是一个非常糟糕的导火线。我们经常看到国外的一些游行示威者，高喊口号，对政府行为表示不满，这中间当然有指责，比如指责政府高失业率、物价过高、腐败问题等。有时候，他们因为情绪失控而与政府发生冲突。

　　另一方面，家长在和老师沟通之前就对立场作预设。很多时候，老师向家长反映孩子的情况，家长很着急，总以为老师不喜欢孩子，总觉得老师可能是在小题大做。所以，在沟通之前，家长常常预设沟通立场，继而出现紧张、焦虑、烦恼、生气等情绪，破坏沟通效果。

　　有些家长在和老师沟通时，总以为自己的观点是正确的，经常将自己的观点强加给老师。我当老师的时候，曾经碰到过这样的家长，见到老师就说："孩子成绩不好，你们老师有责任，老师的任务就是把孩子教好。"还没等老师反应过来，家长又开始说孩子小时候如何如何听话，将孩子良好的过往和现在的表现作鲜明对比，试图把责任往老师身上推。

话说回来，每个人都可以自然地表达情绪，但最好不要夹杂指责的成分，而是要就事论事。家长有情绪的时候，可以将自己的不安、疑虑、愤怒等告诉老师，比如可以这么说："我感到有点……"

这样做的目的是要让对方能够知道你当前的想法。如果对方做得不对，如此表达也算是一种提醒。一个有自知之明的人，肯定会对自己的行为作出某种评判。

法国作家大仲马说："暴躁是一种虚怯的表现。"**不管是家长还是老师，都得学会接纳情绪，管理好自己的情绪，别让情绪成为你的主宰。**

从家长角度来说，管理情绪首先要改变自己的认知。有不少错误认知会让家长失去平衡，一旦失衡，就有各种情绪爆发出来。面对问题，家长要从问题本身思考，而不是直接将责任归咎于老师。正确的认知可以是这样的：孩子的问题，我有责任吗？如果一味指责老师，那势必会造成误解。

从老师角度来说，老师发牢骚属于正常现象。老师也是人，人总会有情绪高涨和低落的时候，总需要找个情绪宣泄渠道，释放负面的情绪。适当地发牢骚有助于缓解身心压力。老师发牢骚，并不等同于他的实际行动，家长大可不必担心。

老师：看这孩子，上课居然在下面画画，你说气人不气人？
家长：……

母老虎

先生不应该专教书，他的责任是教人做人；学生不应该专读书，他的责任是学习人生之道。——陶行知

要明白，家长和老师沟通不是发泄情绪，而是来探讨问题，想出解决问题的途径。如果家长只想着以情绪化手段压倒对方，最终将会硝烟四起，看不到沟通的希望。

家长要能准确知道自己有什么样的情绪，这样的情绪达到了什么样的程度。家长可以试着找到情绪产生的原因，把握情绪，并对症下药。

家长也要反思一下自己的教育方式。家长从老师所发的牢骚中还可以获得一些信息，比如老师面临的就业压力、老师的工作态度难度、老师对孩子的态度等，比如老师抱怨现在的孩子越来越不好管教，那我们是否该反思一下自己的家庭教育方式呢？人与人能相处愉快，很大程度上是因为能推己及人、换位思考，倾听老师的牢骚，体谅老师的甘苦。

我想，聪明的家长们收获到的一定不只是老师的牢骚，或者一段家长和老师的友情也正在悄悄萌芽呢。感谢老师的牢骚，让我们抓住了可遇不可求、相互倾诉的良机。

贴心提示：管理情绪小窍门

家长有情绪的时候，可以通过深呼吸、静坐冥想、肌肉放松法、随意走动等方式舒缓情绪。听音乐也能让情绪平静下来。

遇到烦躁不安的焦虑情绪，可以采用合理情绪疗法，先让自己明白烦恼只是一时的，一切都是自己找的，先从自己身上找原因。可以通过大哭大闹等方式宣泄情绪，倾诉也是一种非常好的方法。

遇到紧张的情绪时，可以用看风景等方式转移，或者干脆闭上眼睛什么都不想。如果因为灾难或车祸等原因留下后遗症，也可以采用幻想当时的情景，让自己身临其境地找到解决的方法。

可以利用"延迟愤怒法"。如果你想发火，请两三分钟后再发火。

停止争论，学会倾听

我认识一个小学老师，每当我们聊到学校教育，我听得出来，他的内心有说不完的苦恼。有一年，他教小学二年级，班上发生了一起很严重的打架事件，一个学生被打得头破血流。事后，家长到学校兴师问罪，还跑到校长室理论。我的那位朋友当时被吓得一时说不出话来。面对突发事件，我们总认为问题出在对方身上，倾向于表达自己的正确性。比如刚才所举的这个例子，家长到学校闹事估计以这样的猜疑为背景：学校管理差，我的孩子没有安全感，这是老师的责任。

在这种情况下，一些老师觉得自己的威信受到挑战，人格和尊严受到怀疑，也开始在争论中表达自己的观点。比如，有老师可能会带着疑问说："你的孩子怎么老惹麻烦？"于是，一场关于谁对谁错的争论开始了。

事实上，如果出现了发生什么事情的问题，首先要弄清楚你对问题真相了解多少，你想以何种方式表达观点。沟通不是争论谁对谁错，而着眼于解决问题。停止喋喋不休的争论，学会倾听是沟通的良好途径。

倾听也是一种美德，是一个人高素质的体现。唐朝诗人白居易有诗云："别有幽愁暗恨生，此时无声胜有声。"倾听也是"无声胜有声"这一效果的最好体现。

也许家长们都知道"倾听"的好处，不过，真正做到"倾听"的家长恐怕并不多。

每一个聪明的家长应该学学倾听老师的话。我认为应把握这样两点，一是要有正确的倾听态度，二是提高倾听能力。

正确的态度是倾听的前提。家长首先要尊重老师，学会与老师进行平等友好的沟通和交流。即使老师是一个多么不起眼的人，家长也应该尊重老师。家长还要有宽容之心，每个人都会有情绪性的抱怨，这是人的正常权利，家长不能因为老师的抱怨而认为老师素质不高，阻断沟通的渠道。有时候，一些老师的确会狠狠地指责学生家长，把家长说得一文不值。出现这样的情况，家长要表现出大度。俗话说，宰相肚里能撑船。宽容是一种良好的素质，是倾听者所必需的素质。

最后是理解，无论老师脾气如何不好，家长都要理解，换位思考，站在老师的角度思考问题。心理学上有一条重要的沟通黄金法则，最初来源于《圣经》中的一句话："无论何事，你们愿意人怎样待你们，你们也要怎样待人。"后来，这句话演变为一条沟通法则："像你期望别人对待你的方式那样对待别人。"你以什么样的态度对待别人，别人也会以什么样的态度对待你。假如家长用粗暴的态度对待老师，那老师也会以同样的方式对待你。

当然，倾听是一门艺术，是人与人之间心灵的交流与碰撞；倾听也是一种能力，是一种沟通能力；倾听还是高效沟通的法宝，善于倾听的人能够获得对方的重要信息，减少不必要的误会。我举一个商业上的例子：有一个销售员非常勤快，跑了许多业务，但成功的却很少，他百思不得其解。直到后来，公司主管找他谈话，当上司一个劲儿地批评教训他的时候，他按捺不住地顶了上司一句："你把我当成什么了！"好在那位上司心胸坦荡，没计较这一点，反而语重心长地告诉他："我知道你很努力，但你的问题就出在这里。我都还没把话说完，你就来插话。要知道，这是沟通的大忌啊。"后来，那位销售员似乎一下子大彻大悟，改变了自己的工作方式，跑的业务不仅多，而且受到了客户的好评。

因此，与老师有好的沟通，家长同样需要良好的倾听能力。有心理学家认为："积极倾听的人把自己的全部精力——包括具体的知觉、态度、信仰、感情以及直觉——都或多或少地加入到倾听的活动中去。消极地听，则仅仅把自己当作一个接受声音的机器，既不加入任何个人的感觉或印象，也不产生什么好奇心。"所以，倾听的第一步是需要怀着好奇心去了解对方，愿意从对方身上了解到问题的真相和解决问题的方法。同时，你在倾听的时候，要不断发现问题，永远保持好奇心是倾听的不竭动力。

接下来要仔细聆听对方述说，让老师把话说完，不轻易插话。当老师开始讲述孩子的种种不良表现时，家长要认真关注老师的讲话。即便老师把孩子表现不好的原因归罪于家长，家长也要耐心地等待老师把话说完。

沟通学家戴尔·卡耐基说："做一个好听众，鼓励别人说说他们自己。"必要的时候，家长可以鼓励老师先开口，鼓励老师多说话，这不仅是一种礼貌，而且能缓和沟通氛围，处于宽松的沟通状态，能使对方敞开心扉说话，降低沟通的风险。

家长要及时回应老师的话。无论老师说什么，家长都要有所反应，以表示对老师的尊重。有些家长喜欢听老师反映孩子的情况，就一直默默地听，也没有什么反应和表现，这会使老师觉得家长不配合，沟通变成老师的独角戏，一个人自言自语，索然无味。当老师所说的情况，家长有同感的时候，可以用点头的方式回应，或者简单地说"是"、"对"、"这我知道"……这会使老师更加有兴趣地说下去。总之，家长要最大限度地让老师知道你在听。

家长在倾听的时候，切勿武断下结论，要多加思考，明辨是非，发现问题，可以将老师所叙述的话进行概括总结。家长不只是听，更重要的是要听出老师话中的意思。有些家长在默默地听，结果到头来不知道老师说了些什么，这样的倾听就失去了原有的意义。如果家长和老师发生摩擦或者意见不合，那可以暂停沟通。等双方都愿意坐下来讨论，再沟通也不迟。

最后，家长要心存感激。不管老师的话是否带刺，每个家长都应该感激老师向家长反映孩子的情况，因为这是家长教育孩子的重要渠道之一。相反，有些不是很负责的老师或许不会向家长反映问题。一个能向家长反映问题的老师，也是一个认真负责的老师。

所以说，老师不可怕，可怕的是家长没有耐心倾听，常常误解老师的话，结果将事情复杂化。苏格拉底说："自然赋予我们人类一张嘴巴，两只耳朵，也就是让我们多听少说。"因此，家长在和老师沟通的时候，倾听是必不可少的，因为倾听是一切沟通的开始。

贴心提示：怎样战胜沟通的自卑心理

家长害怕和老师沟通，大都是因为内心自卑。如果能战胜这种自卑心理，那沟通将会是非常顺畅的。其实，战胜自卑心理并不难。

每个家长都应该为自己的孩子感到骄傲。只要是孩子，都有犯错的时候，家长不必为孩子的学习差和行为不好而耿耿于怀。即使孩子犯了天大的错误，家长也应在教育孩子方面充满信心。

经常为自己打气，鼓励并暗示自己与老师沟通。家长可以用自己最擅长的沟通方式和老师交流。比如有的人比较外向，擅长面对面的交流。有的人比较内向，可以采用书信、博客、QQ等方式交流。记住，家长和老师沟通不一定拘泥于某一种方式。

家长应该多参加学校活动。现在学校有一些需要家长一起来参与的活动，家长可以借此机会，走进学校，走近老师，多与老师沟通。

好问的人，只做了五分钟的愚人；耻于发问的人，终身为愚人。——西班牙谚语

别向孩子隐瞒沟通内容

有不少老师跟我说起这样的事情。每当家长和老师谈话之后,临走的时候总会说:"老师,别跟孩子说我找过你。""千万别跟孩子说,是我说的。""老师,我说的话,你不能让孩子知道。"这仿佛是老师和家长之间的君子约定。

有时,我在想:家长有必要这样小心谨慎吗?家长不想让孩子知道自己和老师谈话的内容,这是为了什么呢?

有一天晚上,有位家长过来找我,跟我聊起她孩子的学习情况。在整个谈话过程中,她每说完一件事情,总要说一句:"你可别跟我孩子讲啊。"弄得我都很不好意思。其实,她跟我说的事情并不是什么家庭隐私,她只是说孩子在家很会吵闹,不喜欢学习,一回家不是看电视,就是上网,很少在家认真写作业。最让家长发愁的是孩子的学习越来越不好,而且还迷上了电脑游戏。一天不让他碰电脑,孩子就会和她赌气。

其实,这些都不是什么秘密,即便让孩子知道了,又会怎么样呢?于是,我非常小心地问她:"我们有必要这样瞒着孩子吗?"

那位家长把我瞪了一眼,说道:"你哪里知道啊!我以前跟老师聊天的时候,把孩子的事情告诉了老师,要求老师帮我管教孩子。那老师心地善良,还特地找孩子谈话,把我说的话跟孩子讲了。孩子一回家,就跟我闹翻了,还质问我为什么背着他找老师。"

有个朋友在初中当班主任,开学初的时候,他把自己的电话号码告诉了全班学生,并要求学生转告家长,平时有空多联系。可是,开学后整整一个月,只有两个学生家长打电话过来,一位家长是咨询孩子在学校的表现,另一位则是询问孩子的学习情况,其他家长一直没有跟他联系。后来,朋友对这件事情进行了一番调查,原来多数学生并没把班主任的电话告诉家长,是怕老师和家长互相打小报告,不希望自己像犯人似的被监视。

2007年9月,广州市少年宫曾经公布了一项关于"老师与家长关系"的调查报告,调查报告显示,"学生成绩下降"、"情绪出现异常"、"调皮不听话"等原因是老师和家长联系的主要原因,这3项所占的比例加起来达到80%以上,其中家长联系老师原因中最高的比例就是"孩子学习成绩下降",比例为46.5%,而孩子表现优秀时,家长却很少与老师沟通。从这个报告中,我们可以看到这样的信息：家长找老师沟通，多半是因为孩子出了事情，这意味着家长和老师沟通之后，可能会批评孩子，或更为严厉地管教孩子。从这个角度而言，孩子的担心是正常的。

我接触过一个上小学四年级的孩子，她很喜欢阅读，但性格有点乖戾。有一次，她来我这里玩，我跟她聊一些生活上的事情。这孩子比较信任我，跟我说她妈妈的事情，她开头一句就说："我妈很恶心的，经常向老师打小报告。"听了她的话，我感到有许多问题需要反思。孩子是一个独立的个体，他们有自己的想法和尊严，同样需要大人的尊重。在平时，如果父母背地里和老师沟通，让孩子觉得父母不诚信，有损父母在孩子心目中的形象。

家长和老师沟通前，要先征得孩子的同意。一般来说，父母要事先告诉孩子为什么要找老师，找老师谈什么问题。如果是老师事先要求家长去学校，那就更要向孩子说明情况。如果孩子不喜欢父母去找老师，那父母要静下心来和孩子交流，了解孩子的真实想法，弄清楚孩子不让自己找老师的原因：是怕同学说闲话？还是怕父母向老师告状？还是怕老师向父母告状？父母应想办法消除孩子的顾虑。如果孩子认为没有必要，要让他说明理由，然后再和他商量，如果商量得宜，问题也能得到解决，那就"多一事不如少一事"，不是更好吗？

父母在征得孩子同意之后，还要说明何时去找老师。即使是电话联系，父母也要说明什么时候打电话给老师。这样做的目的是取得孩子的信任，使孩子心里也有个底。如果孩子说，今天不能找老师，那就要和孩子重新商量时间了。

家长和老师沟通之后，应该把情况告诉孩子。比如这样对孩子说："我今天到学校去了，见到了老师，老师向我反映了你在学校的情况，我也把你在家里的表现反映给了老师。"然后，家长应该把和老师谈话的具体内容反映给孩子，而不能把事情给隐瞒起来，否则只会让双方相互猜疑。如果家长不便将有些沟通内容告诉孩子，要予以妥善处理。比如，有的孩子自信心不足，家长希望老师多予以鼓励，可悄悄和老师联系，让老师多注意孩子的优点，及时予以表扬。有时候，善意的谎言能够帮助孩子走出困境，特别当孩子和老师之间存在隔阂的时候，用这样的方法比较容易化解双方的误会或矛盾。

家长、孩子和老师是一个共同体，三者相互影响，要做好相互协调工作。

家长与老师沟通为的是孩子的健康成长，但需要增加透明度，目的是让孩子更加信任大人。因此，请家长别瞒着孩子跟老师沟通。

贴心提示：孩子不信任家长怎么办

有些父母说："我都已经把和老师谈话的内容告诉了孩子，可孩子还是半信半疑地看着我，还说要去看看老师的反应。"如果家长遇到这样的情况，我们不妨先思考一下：孩子为什么不信任自己？我们知道，孩子不信任父母是有原因的，如父母对孩子说过假话，对孩子做过不诚实的行为，孩子会把这些事情记在心里。

父母在和孩子交流时，尤其要表现出真诚，看着孩子说话，用眼神和孩子交流，不可急着说"信不信由你"，因为这是一种敷衍了事的做法。

如果孩子依然不信任，那父母可以针对和老师谈话的内容，让老师多关注一下孩子，使孩子相信父母没说假话。

细节决定成败

家长与老师是一种双向沟通，好的沟通能拉近彼此的距离，对解决问题起到促进作用。如果家长深谙说话之道，会让老师欣然接受这些愉快的沟通。

1. 别错过恰当的沟通时间。

家长最好选用恰当的时间和老师沟通，其目的是将孩子的问题及时解决，同时收到事半功倍的效果。

我接触到一些父母，聊到和老师沟通时，他们最关心的是在什么时候找老师沟通比较合适。对于这个问题，我请教过不少人，一致认为有这样几个时机比较重要：

家长会。开家长会的时候，大多数父母会到学校见老师，老师会把孩子的情况介绍给家长。特别是班级组织的小型家长会，家长和老师的沟通机会相对多一点，是家长了解孩子在校情况的好机会。

孩子在家情绪不好。孩子在学校受了委屈会在家表现出来，家长可以根据孩子的情绪变化和老师沟通。

老师打电话找家长时。这种情况大都是孩子在学校出了事情，比如孩子在学校捣乱、欺负同学、作业不认真、成绩退步等。家长可以利用这个机会和老师谈谈教育孩子的方法，可能会使双方都受启发。

学校开学时。这时候，大都是父母带着孩子去学校，能直接见到老师。家长可以了解一下班级的新环境；可以向老师咨询一下孩子将学哪些课程、技能，要达到什么教学目标；并把孩子假期在家的表现告诉老师，把孩子的问题反映给老师，也可以根据孩子的具体情况给老师提一些要求。**如果家长对老师处理某件事的方式不太满意，可以提建议，但不要命令老师怎么做。**

利用节假日沟通。这类沟通往往是因为孩子所出现的问题相当复杂和严重，需要长时间沟通。如果孩子在学校犯了错误屡教不改，或是出现大的情绪性问题，连家长都无法处理，那就需要家长和老师长时间沟通探讨，分析其中的原因，并最终找到解决问题的方法。

对于低年级的孩子，一般都是父母早送晚接，家长可以利用这个时机和老师交流一下孩子在校在家的情况，像学习、饮食、活动、休息、与同学相处等情况，但还不适宜作长时间的交谈，老师要顾及其他孩子和父母。比

无知的人总以为他所知道的事情很重要，应该见人就讲。但是，一个有教养的人是不轻易炫耀他肚子里的学问的，他可以讲很多东西，但他认为还有许多东西是他讲不好的。——卢梭

如孩子当天感冒了，需要老师关注一下；孩子身体受伤了，需要老师帮忙；孩子吃药，需要老师提醒……这些事情，都可以向老师说明，让老师心里有数。

2. 交流次数。

一般情况下，家长最好能一个月左右与老师交流一次，如果是优秀学生的家长，或毕业班的家长，每个月交流1~2次；非毕业班家长，每学期2~3次较为适宜；孩子有些小毛病的家长可以一周一次。尽量长话短说，不要啰唆，谈谈孩子情况，发表双方的看法，一起决定下一步采取的措施就行了。因为老师在学校工作也很辛苦，回家也有家务。当然，一般情况下，老师为了多了解一些孩子的情况，以便因材施教，即使父母耽搁他的休息时间，他也是很乐意的。

电话交流次数，根据突发情况而定。如孩子生病请假、孩子小测验成绩下降等，应及时和老师取得联系。

3. **语言幽默，缓解沟通气氛。**

有些霸道的父母，孩子在学校出现了问题，被老师批评了，他们就受不了这种打击，常常气愤地跑去找老师；有些不善于表达的父母，问一句答一句，到最后无话可说了，这种情况使家长和老师都感到沟通很累人。所以，家长和老师沟通时，双方都有必要使自己的语言幽默些，避免出现"无言相对"的尴尬局面。1938年10月，喜剧大师卓别林完成了以讽刺和揭露希特勒为主题的电影脚本《独裁者》。待第二年春天影片开拍时，派拉蒙电影公司说，这名字是他们的"专利"，因为他们曾用"独裁者"写过一出闹剧，卓别林可以借用此名，但必须支付两万五千美元的转让费，否则就要诉诸法律。双方的谈判陷入了僵局，卓别林灵机一动，当即在"独裁者"前面加了个"大"字，说："你们写的是一般的独裁者，而我写的是大独裁者，两者风马牛不相及。"说罢，派拉蒙公司的老板目瞪口呆地看着卓别林扬长而去。事后，卓别林对朋友谈及此事时说："我用一个'大'字，省下两万五千美元，可谓一字值万金！"

4. **不妄下沟通结论。**

很多时候，当老师将孩子的缺点和不好的表现告诉家长时，有些家长便惶惶不可终日。假如孩子正处于升学复习阶段，当老师说孩子没希望升学时，有些家长更是着急，总以为孩子没前途了。其实，家长妄下结论对教育孩子并没有多大好处。

沟通说简单也简单，说复杂也复杂，就看家长在与老师沟通时，会不会使用一些技巧了。

贴心提示：沟通注意事项

◆ 如和老师面谈，应提前预约，防止到校后老师有事外出。沟通主要内容家长应提前作好准备，避免到时啰唆半天，也说不出关键点。那就达不到沟通目的。

◆不要选老师午休时间，如果是在工作时间打电话或面访，先问问老师方不方便，这是一种最基本的尊重。

◆有的家长晚上十点多了或周末，为了点芝麻大的事给老师发短信或打电话。有的经常往老师办公室跑，谈了一个小时还不走，甚至到课堂上找老师。这会影响到老师的工作和生活，也会引起老师的反感。

如果班主任老师暂时没有时间，可以先到其他科目的老师那里进行交流。在合适的时间再把孩子叫来，一同对孩子作出鼓励与要求，更有效果。

人要有三个头脑：天生的一个头脑，从书中得来的一个头脑，从生活中得来的一个头脑。 ——蒙田

小测试：你的孩子是好孩子吗

> 好孩子和坏孩子都不是绝对的，每个孩子既有优点，又有缺点。下列有一些测试题目，或许能帮助你发现孩子的秘密！符合请打"√"，反之打"×"。

1. 你的孩子喜欢欺负同伴吗？（   ）
2. 孩子遇到陌生人会主动打招呼吗？（   ）
3. 如果孩子说谎，他（她）会脸红吗？（   ）
4. 如果孩子弄脏了房间，会主动打扫吗？（   ）
5. 孩子犯错后，会感到内疚或自责吗？（   ）
6. 你的孩子在大人面前言行一致吗？（   ）
7. 孩子会向大人提各种无理要求吗？（   ）
8. 孩子会主动和你交流自己的事情吗？（   ）
9. 孩子生气的时候，是否经常哭闹？（   ）
10. 家里没人的时候，孩子会主动学习吗？（   ）
11. 孩子会主动帮助大人干活吗？（   ）
12. 如果孩子有困难，是否特爱闹情绪？（   ）

说明：

2、3、5、8题打"√"记1分；其他的打"×"记1分。

10分以上：说明你有一个非常懂事的孩子，你也是一个非常有爱心的家长！

7~10分之间：说明你的孩子还比较懂事，只要你稍微调整一下自己的教育方式，孩子会更加信任和亲近你。

6分以下：你的孩子存在不少缺点，也许你的教育方式有一些问题，你需要调整一下自己的心态和情绪，学会微笑和鼓励孩子，用真心赢得孩子的信任，这样会使你成为一个非常有亲和力的好家长，而你的孩子也会更加出色。

教育是永恒的话题，教育孩子如同园丁培育鲜花，需要精心浇灌、施肥和呵护。在这过程中，每个家长都可能遇到非常棘手的教育难题，这就需要父母向老师或他人请教，学习教育孩子的经验和艺术。

第五章
遇到棘手的问题，如何向老师倾诉

让孩子不再为角色忧伤

"老师说……"

谁夺走了孩子手中的扫把

孩子被欺负

孩子在家里和学校判若两人

孩子老抄作业

让孩子不再为角色忧伤

我们可能还记得,孩子在成长过程中有多种角色。孩子刚出生不久,假如长得胖乎乎的,有人会称呼他"小胖";如果孩子爱嬉闹,大人会称他为"小吵客";如果孩子超级文静,大人又会说他像"呆头鹅"。

更有意思的是,大人(包括老师)之间的谈话,还会时常谈及孩子,比如有家长说:"你看看我家的小淘气包,整天跑来跑去。"有家长说:"这孩子成绩真差,简直无可救药。"有家长说:"我家的孩子太贪吃了,一天到晚嘴不停。"还有家长说:"这孩子什么都好,长大后肯定有出息。"

……

这些谈话大多是无意的,但我们是否想过:当孩子听到大人对他们的评价时,他们的心情和感受又是怎么样的呢?

我们先来看几个生活片段。

片段一:某日,小康正在家做作业,他爸回来了,一看到孩子把字写得东倒西歪,忍不住说了一句:"你看看你写的字,多难看呀,还有脸见人?"

孩子的感受和对父母的看法:_____

_____

片段二:有一次,老师发现有个孩子特别爱提问,便把这件事情说给班上的孩子们听,他说:"×××同学非常好学,总么好问,他的精神真让我感动!"

孩子的感受和对父母的看法:_____

_____

片段三:小颖很喜欢帮助同学。可是,有一次,她帮同学打扫卫生,结果把作业本忘在了学校里。等到她第二天去学校的时候,老师把她批评了一顿:"自己的事情都没做好,还帮助别人?看看你昨天的作业,一个字都没写!"

孩子的感受和对父母的看法:_____

_____

片段四:一天下午,小研拿着奖状回家,家里人知道后,纷纷夸孩子有前途,特别是他奶奶说道:"孩子,我早就知道你很厉害!你是我们家的骄傲。"

孩子的感受和对父母的看法:_____

_____

_____

这样的例子还能举出很多,家长也许会发现上述四个孩子对大人言行的反应各不一样。

● 自卑、不满,甚至气愤和绝望。("你看看你写的字,多难看呀,还有脸见人?")

● 欣喜、自信,甚至产生无穷的动力。("×××同学非常好学,总那么好问,他的精神真让我感动!")

● 难以言喻的悲伤、怀疑和悔恨,甚至产生自私、冷漠的心理。("自己的事情都没做好,还帮助别人?看看你昨天的作业,一个字都没写!")

● 非常兴奋,甚至骄傲和得意忘形。("孩子,我早就知道你很厉害!你是我们家的骄傲。")

孩子有敏感而细腻的神经,大人的言行都有可能影响到孩子的成长生活,甚至是孩子的未来。**批评会让孩子产生悲观和忧伤的情绪,而不恰当的批评则会使孩子跌入人生的低谷,甚至产生不信任自己的绝望情绪。**

夸奖孩子是好事,能使孩子产生发愤图强的勇气。但夸奖同样具有威胁性,"×××同学非常好学,总那么好问,他的精神真让我感动!"没错,一句"总那么好问"令人生疑:万一我以后不爱提问了,老师会怎么看待我?

同样,夸奖会迫使孩子想到弱点,比如有家长夸奖孩子"你很勤快",这会使孩子想到其他方面的弱点。

夸奖也会使孩子洋洋得意,迷失自我。比如,"孩子,我早就知道你很厉害!你是我们家的骄傲。"这会让孩子觉得自己是家庭的中心,容易滋长骄傲自满的心理。

说到底,孩子特别在意大人的看法,哪怕大人只说了一句"你别动",孩子就流露出伤感的情绪,还可能会影响到他的行为。许多家长爱给孩子贴标签,比如"你就是不自觉",结果孩子如家长所言,越来越不自觉。在心理学中,这叫"标签效应",如果反向贴标签,就很可能收到意想不到的效果。

赏识和激励是激发孩子兴趣的诀窍。著名演员宋丹丹在教育孩子巴图时认为,"孩子不是骂大的,孩子是夸大的"。只要孩子有了进步,她从不吝惜夸奖巴图。有一次,巴图去医院看望爷爷,宋丹丹就对好几个护士讲孩子是多么懂事,巴图很注意地听着,然后悄悄走过来告诉妈妈说:"妈妈,我知道你多么爱我,因为你总是对人夸奖我。"

我说一个真实的故事。有一年春节,我们一家在吃饭。这时候,大哥的孩子闹着不吃饭,刚吃一点,就想去玩。我看着他说:"哇,你吃得真快,我都赶不上你了。"侄子睁大眼睛看了看我的碗,开心地笑了。紧接着,他一个劲地往嘴里添饭。

林伯渠曾是陕甘宁边区政府主席,他的儿子相特非常活泼可爱,模仿能力极强,经常学爸爸背着双手走路。有些大人喜欢逗孩子玩,便叫他"小主席"。林伯渠知道后,认为这种玩笑开不得,无形中会给孩子幼小的心灵刻上超人一等的痕迹,便教导儿子说:"以后别人叫你小主席,你不能接受。人家问你长大做什么,你说到基层锻炼去,当一个普通的人。"他的儿子相特到了上学年龄,林伯渠给他一个小小的土布包,装上几支铅笔和几个本子,并嘱咐他:"要好好学习,听老师的话,长大了,就应该懂事了。今天让叔叔送你去,以后你就自己走。"略一沉思后,他接着说:"还要给你起个名字,就叫用三吧,用三就是三用:用脑想问题,用手造机器,用脚踏实地。"

苏霍姆林斯基说过:"在每个孩子心中最隐秘的一角,都有一根独特的琴弦,拨动它就会发出特有的音响,要使孩子的心同我讲的话发生共鸣,我自身就需要同孩子的心弦对准音调。"不管是父母还是老师,你们的言语或行为都会对孩子产生特殊的效果。这样的效果不光是孩子非常在意大人对自己的定位,孩子还会为此改变自己原有的行为方式。当孩子被大人贴上种种标签之后,在孩子的心目中便有了某种特定的角色。若处理不及时,这角色就会伴随孩子一生。

为了解决这个问题,我们应反思一下自己的行为,并思考这样几个问题:
1. 第一次给孩子贴标签是什么时候?
2. 是否有意无意地给孩子贴标签?
3. 有没有使用漫骂、责怪或攻击性的语言?
4. 是否想过孩子的感受?
5. 有没有用心观察过孩子的情绪和行为表现?

6. 当孩子被他人（包括老师）贴上标签后，你有没有关注过孩子？

7. 你想过孩子的未来吗？

……

这样的问题还可以继续反思下去，其中的目的只有一个：我们该如何创造一个有利于孩子成长的角色？

很多时候，父母要求孩子做一个"好孩子"，老师希望孩子成为"好学生"。我们可以理解父母和老师的出发点，他们都希望孩子有所出息，不做社会的野蛮人，或者不被社会淘汰。

我调查过不少"好孩子"或"好学生"，他们都感觉有一种无形的压力。年纪小一点儿的孩子，还没意识到父母的定位所带给他的沉重，但孩子常常会说出"烦"字。而年纪稍微大一点儿的孩子，尤其是上学之后的孩子，有可能是被双重定位，既有老师给他的定位，也有父母给他的定位。这样一来，孩子的压力势必很大，有的孩子还可能因此身心疲惫。

所以我想说的是，大人千万别把自己的期望强加给孩子，那会使孩子生活在沉重的"角色世界"之中。**一个真实的孩子比一个生活在虚假中的"好孩子"更重要。**

当然，帮助孩子从固定的角色中脱离出来也是有方法的。假如父母发现孩子在学校里被予以某种定位，那就应当及时联系老师，和老师说说这个问题的严重性。

当老师批评孩子是"调皮鬼"、"没出息"、"笨蛋"等的时候，孩子的变化非常大，老师的批评反而起不到积极作用，反而使孩子更加调皮，更加不爱学习。如果大人发现这样的情况，那就应该分别找老师和孩子谈谈了。

我举一个很简单的例子。有一个孩子因为小时候生了一场病，记忆力非常差。孩子没上学之前，就被大人称呼为"小笨蛋"。到学校上学后，老师也发现孩子的反应不是很灵光，也经常有老师批评他脑子笨。直到有一天，老师发现这个孩子特别细心，爱帮助同伴，于是就表扬了一句："孩子，你真棒！"

结果，这个孩子发觉眼前的世界特别明亮，原来他还是有优点的。老师的这一句简短的表扬，帮助孩子从角色的黑暗中走了出来。

我们的教育常常过于看重孩子的成绩，孩子的很多闪光点往往被成绩掩盖掉了。如果大人愿意做一个有心人，把孩子身上的闪光点一一列举出来，优点

人家说最好的好人，都是犯过错误的过来人；一个人往往因为有一点小小的缺点，将来会变得更好。 ——莎士比亚

就会越来越多，孩子的灰暗角色便会逐渐消失。

有时，训诫孩子不如尊重孩子，多给孩子正面评价。孩子的心灵一直非常脆弱，需要的不是冷言恶语，而是大人的肯定和赞美之音。大人对孩子的正面评价多了，孩子会朝着更健康的方向发展。因此，不管父母还是老师，都应替孩子思考一下，多给孩子赞扬和鼓励。

贴心提示：让孩子远离"冷暴力"

有时候，父母在教育孩子时，一不小心就把孩子孤立起来，或者将哭泣的孩子扔在房间里不管。老师在教育学生的时候，有时也会以冷漠的态度对待孩子，对一些学生不理不睬。这对孩子伤害最大。说得严重一点，这就是"冷暴力"。

大人对孩子的"冷暴力"有两种类型：一是在语言上批评、教训、嘲讽、挖苦孩子，二是在行为上漠视、孤立孩子。"冷暴力"虽能暂时压住孩子，但教育不出出色的孩子。为了孩子的未来，请大人让孩子远离"冷暴力"。

孩子和父母说话时，父母要及时回应，哪怕说一句简单的话也会让孩子心满意足。

家长不当着众人的面批评、挖苦和嘲讽孩子，不漠视孩子，多鼓励孩子。

家长平时多问问孩子的生活情况，所表现出来的关爱是孩子生活的动力。

"老师说……"

有一天晚上，琳琳妈跟我聊起孩子上幼儿园之后的故事。我听后，捧腹大笑，总觉得她的孩子琳琳太有意思了。

琳琳进入幼儿园大班之后，比以前更懂事了，学会了刷牙、穿衣服，还很听老师的话，常把老师的话挂在嘴边，动不动就说："老师说……"

一天晚上睡觉前，琳琳好奇地问妈妈："妈，我是怎么来到世界上的？"她妈妈不假思索地说："你呀，是从树上掉下来的，我和你爸爸就捡了回来。"琳琳很不满意地说："妈，不是这样的，老师说，我是从你肚子里钻出来的。"

生活中，很多家长都避讳谈这个问题，常把孩子的出生放在一个美丽的故事里，要么是天上掉下来的，要么是在山里捡回来的，要么是神仙送来的……很少有家长直接告诉孩子是怎么出生的。家长这样做是因为难以启齿，不想让孩子过早地接触性知识。但老师在讲课过程中，很可能运用科学知识解释了人是怎么来到世界上的，所以就有了像琳琳这样的疑问。

琳琳的话让父母一时不知道说什么好，只好陪着孩子笑。但琳琳却一直闹着让父母给出解释，这又一次让她父母为难了。最后，琳琳父母想到用鸡蛋作比喻，说是妈妈肚子里有一个像鸡蛋一样的东西，宝宝躺在鸡蛋壳里吸取母亲的养料，一天一天地长大，等到宝宝有足够的力量冲破蛋壳，才从肚子里游出来，那哭声惊天动地，宣告宝宝来到了这个世上。那天，一家人闹到很晚，才让琳琳安心地睡着。

没过几天，琳琳又有了新问题。一天放学后，琳琳一回家就看起动画片来，到吃饭的时候，她还要继续看。她妈妈就对孩子说："不吃饭就不能看电视。"哪知道孩子还一本正经地说："老师说，做事情要有始有终，等我看完这集动画片。"琳琳妈因为要去上夜班，没时间陪孩子吃饭，气得一把关掉电视，结果琳琳大叫起来："老师说，大人要尊重孩子，不能干涉小孩子自由。"

琳琳妈生气地看着孩子，嘟囔道："又是你老师说，老师是你什么人啊！"母女俩一直争执着，琳琳偏要拿出老师的话来反驳妈妈，最后直到琳琳爸爸回家后才慢慢安静下来。

这些倒还是小事情，琳琳连在吃饭的时候，也把老师的理论搬上了餐桌。一个周末的早上，琳琳妈给孩子买来了蛋糕、油条、咸鸭蛋、豆浆、包子等，

还煮了稀饭。没想到，琳琳看了看桌子上的早餐，摇了摇头说："妈，你怎么又买油条、咸鸭蛋，老师说这些东西有致癌物质，人吃了会生病的。还有豆浆，老师说现在的大豆都是转基因的，人不能吃的。"

琳琳妈一听孩子的话，立刻觉得倒足胃口，因为孩子像个专家一样讲得头头是道。一顿好好的早餐，无论琳琳妈怎么解释，孩子只喝了点儿稀饭，吃了点儿蛋糕。琳琳妈非常无奈地看着孩子，她想不出什么好的办法可以改变下孩子的思想。

在生活中，琳琳是父母最亲密的人，可现在的孩子却越来越跟父母有隔阂。她不听父母的话，只听老师的话，这让琳琳父母感到不安和苦恼。

还有一个家长，也跟我聊起孩子上学后的变化。她的孩子是个男孩子，性格内向。她说孩子上学之后，在学校里进步不小，比如每天晚上准时睡觉，每天按时起床，养成了刷牙的习惯，还能自己洗脸。但问题是，孩子最听老师的话了，老师的话就如圣旨一样管用。有一次，老师当着全班学生的面说不能浪费粮食，于是孩子会吃完碗里的每一粒米饭，即使吃撑了，也要坚持把它吃完。上课的时候，老师禁止学生上厕所，也不让学生随便说话，结果孩子在教室里尿裤子……后来，这事被他妈妈知道了，很是担心。

很多父母都有这样的经历，眼看着孩子一天天适应了学校环境，新的问题又接踵而来：孩子非常听老师的话，还把老师的行为当作了模仿对象，却把家长的话当成了耳边风，动不动就会拿老师的话反驳家长，这让家长非常苦恼和难堪。

我们必须看到，孩子能听老师的话毕竟是好事情，但只听老师的话而不听家长的话，那就不好了。 孩子百分之百地信任老师，可见老师言行的权威性。孩子进入学校学习后，面对的是有别于父母的新教育者，老师丰富的学识会赢得孩子的信任，而老师对孩子"严而不厉，爱而不溺"的教育方式，会赢得孩子的尊重。再说，老师对大部分孩子都一视同仁，说的话容易让孩子接受，更容易亲近孩子。所以，孩子觉得老师值得尊敬，一种发自内心的崇拜，让他们愿意听老师的话。

很多父母在教育孩子时，没有把握好方式，比如有的父母溺爱孩子，使孩子变得任性、以自我为中心；有的父母常用严厉的态度对待孩子，动不动就大发雷霆；有的父母在教育孩子时，情绪多变，常常将自己的情绪发泄在孩子身上。所以，孩子一进学校之后，自然而然会感受到老师的亲切，喜欢听老师的话。

这也跟孩子的年龄特点有关。心理学家认为，孩子的第一个"心理反抗期"出现在 2~5 岁。这时候的孩子，性格上比较执拗，开始不听父母的话，喜欢听老师的话。事实上，孩子喜欢听老师的话，原因就在于孩子对老师有新鲜感，同时，在他们的心目中，老师什么都懂。应当说，这是一个正常的现象，也是一种非常好的学习开始。

假如孩子只听老师的话，那样很容易造成家长的心理不平衡。父母首先要认识到孩子信任老师是正常的现象。作为父母，最重要的是不要因此而"吃醋"，造成心理上的不平衡。家长可以借此机会，反思自己的教育方式，看看自己为什么得不到孩子的信任。比如父母平常是否对孩子过于溺爱或放纵，养成了娇生惯养的性格，使亲子之间产生了隔膜。在孩子对父母表现出执拗和反抗时，父母有没有盲目采取粗暴强制的态度？**其实，教育孩子不是让孩子一味服从大人的意志，对大人过于言听计从的孩子未必就是好孩子。**

父母要善于引导孩子。父母不要否定老师在孩子心目中的影响，对老师说过的话，父母可以借过来教育孩子。比如有时候，孩子在家很吵闹，父母说他也不听，可以借此机会这样说："老师说过要做一个文静的人。"比如有时候，孩子不愿意洗脸刷牙，无论父母怎么劝说都没用。在这时，父母可以这样说："老师说你是一个听话的孩子，你忘了吗？"孩子听了这样的话后，很可能就会马上行动起来。当然，父母在运用这种方法时，态度要温和，不可用老师的话来恐吓孩子。父母也不能机械地重复着老师的话，否则次数多了，很可能会引起孩子的反感情绪。

父母要经常和老师沟通。这时，父母应多与老师沟通，了解老师的教育方式，时刻与老师的教育方式同步，并调整自己的教育态度，使孩子在学校好的表现也能够在家里得到延伸。

当家长不认同老师的教育方式时，家长可以保留自己的教育方式，但不要和老师发生冲突，因为这对教育孩子不利。家长和老师在教育孩子的问题上存在分歧在所难免，关键是家长和老师都有共同的目标：一切以教育好孩子为己任。

贴心提示：别让老师的坏行为在孩子心中生根发芽

当孩子过于信任老师，把老师的话当圣旨，把老师当作偶像时，父母可要关注一下孩子的行为。

◆ 假如孩子遇到的是一个不诚实或行为不端正的老师，就会把这些行为留在孩子心中，极有可能污染孩子纯洁的心灵。

◆ 比如老师的穿着暴露，可能会影响孩子上课。遇到这种情况，父母的第一要务就是和孩子一起探讨老师的行为，帮助孩子认清是非、美丑和善恶。

◆ 让孩子与老师一起竞争。老师也不是一个完美的人，作为学生应该比老师做得更加出色，要做一个品行高尚的人，这样才会受到他人的尊重。

谁夺走了孩子手中的扫把

有一天,一个朋友跟我聊天,他在一所镇小学教三年级,是学校里的优秀青年教师。平常,他很喜欢和学生在一起,他感慨道:"现在的学生个个都是宝贝,连值日这活都做不了。"

更让他费解的是,每天下午的教室里多了家长的身影,有好多还是孩子的爷爷奶奶。他们不是来接孩子的,而是来替孩子值日的。下课铃声一响,家长就拿起扫把打扫教室,而孩子则在一边和同学玩耍。

当他发现这个问题后,多次劝说家长让孩子自己动手,可遭到了很多家长的反对。有家长说:"孩子还这么小,你让他拿这么高的扫把,叫他怎么扫地呢?"有家长说:"我家孩子从没扫过地,有一次值日,孩子竟然被垃圾桶绊倒了,弄得满身都是垃圾,叫我们怎么能放心呢?"还有家长说:"孩子扫地不干净,还被老师罚过好几次,看了就心疼。"

朋友开玩笑地说道:"家长真是细心,以后孩子上学都可以由他们代劳了。"我想了想,说:"如果把这种现象放回20年前,肯定会有人觉得滑稽,因为学生打扫教室是天经地义的事情。这些为孩子叫苦的爸爸妈妈、爷爷奶奶,难道当年没有打扫过教室?问题就出在家长身上。**如果不是家庭教育出了问题,怎么会出现学生不值日的现象呢?**我们当学生的时候,几乎没看见过有同学调皮不值日,大家都把值日当作一项光荣的劳动,更没见过有家长过来替孩子值日的。一个处处满足孩子要求的家庭,必定培养出一个自私自利、没有责任感的孩子。"

朋友点点头,说:"孩子早就习惯衣来伸手、饭来张口的生活,缺乏劳动意识。"古人云:一屋不扫何以扫天下?如果我们的孩子连最简单的值日都不会做,怎么能期望他日后成就大事业呢?既然如此,孩子劳动意识的丧失,到底是谁的过错呢?

我认为,父母对孩子过于宠爱,是孩子不愿意参加值日的最主要原因。有调查说,现在的中小学生,爱劳动、有较好劳动习惯的约占1/3,另外的2/3是不爱劳动或不太爱劳动的。父母不在家的时候,有些孩子懒得洗脸、洗脚,衣服穿了很多天都不换洗,更不用说整理打扫房间了。

而这源于一些错误的家庭教育观念。有些父母认为孩子要以学业为重。很多父母把值日当作孩子的负担,怕影响孩子学习。孩子上学后,父母总这样教导孩子:"只要你好好学习,什么事情都可以不用做了。"有个孩子非常懂事,有一次,他在奶奶家做作业时,看见地上堆满了树叶,就找来扫把打扫。老人看见后,一把夺过扫把,说:"乖孙子,你读书去,奶奶能扫。"孩子一脸无辜地站在一旁,搞不懂自己的好心为什么得不到大人的理解。

有些父母认为孩子太小,怕他们受苦受累。在父母眼里,孩子永远都是长不大的,值日会累着孩子,影响孩子成长。也有孩子在劳动之后,常常回家抱怨说值日太辛苦了,弄得手脚酸痛。这些都使得父母更加怜惜自己的孩子,不管孩子参加什么样的劳动,大人总是不满意、不放心,还要打击孩子的劳动积极性。很多孩子因此丧失了劳动的动力。

有些父母认为生活富裕了,劳动是家庭贫困的代名词,没必要让孩子劳动了。有不少城里的家庭都雇了保姆,家务活之类全由保姆完成,就连倒杯水都不用自己动手,孩子当然没有劳动的机会了。有些孩子还会振振有词地说:"家里都有保姆了,学校为什么不找清洁工打扫?"

有些父母看不起劳动者,认为孩子不好好学习,去当工人就没有前途。于是,在家长眼里,值日这样的体力劳动成了不好的代名词,也在无意中暗示孩子不必参加劳动。

正在看书的您,是否也有上述的想法呢?如果有,那就应该好好地反思一下:我们要不要让孩子参加值日这样的劳动呢?

我想,答案是肯定的,**不管是什么时代,人类都需要劳动**。孩子在劳动过程中,既能享受劳动的乐趣,又能培养道德品质和生存能力,学会做人,更能使他意识到勤俭朴素的重要性。假如孩子从小缺乏劳动教育这一环节,一旦他懒惰成性,想让他改变过来就非常不容易了。

平时,父母要鼓励孩子多参加劳动。著名教育家陶行知说:"我要儿子自立立人,我自己就得自立立人。我要儿子自助助人,我自己就得自助助人。"可见,父母对孩子的影响非常大,一个有责任心的家长,必会得到孩子的信任。

孩子的模仿能力很强,在两三岁时,就开始模仿大人做一些事情。每当大人在干活时,孩子就开心地跑来凑热闹。这时,父母最担心孩子出事,往往拒绝孩子帮忙。殊不知,父母的这一阻止无意中挫伤了孩子的劳动积极性。哪怕孩子过来捣乱，大人也应该让孩子尝试一下。**即使孩子在劳动的时候，摔坏了非常昂贵的东西，我们也别忙着批评孩子。因为孩子摔坏的东西虽有价，但劳动的热情却是无价的。**家长的宽容恰恰能让孩子珍惜劳动的机会，反思自己的错误，使孩子终生受益。我大哥的孩子刚3岁的时候，看到地上有垃圾，就拿起扫把来扫；看见地上有水，他就拿着拖把四处拖，直到水没有了为止。这是孩子最早表现出的劳动意识，如果父母好好把握住这个机会，相信孩子从小就有爱劳动的习惯。

孩子稍微大一点之后，比如四五岁，父母应该放手让孩子自己做一些事情，比如穿衣、穿袜、洗手、洗脸、洗脚等。父母还可以有意识地让孩子学着叠被子、整理床、扫地……比如孩子收拾玩具也是一种劳动。孩子摆弄好玩具之后，家长可以鼓励孩子收拾整理玩具。即使大人看到孩子做得不是很好，也要鼓励孩子，逐步培养孩子的劳动意识。因此，父母可以设计一些家务活给孩子完成，如扫地、抹桌子、倒垃圾。在大扫除时，要让孩子承担一些工作，比如提水、拿抹布、拖地板等。孩子劳动效果如何主要看其态度，而不仅仅是看结果。千万不要埋怨这也不是、那也不好，挫伤他的积极性。

也有一些孩子由于家境困难或其他原因辍学，他们很早就步入社会参加劳动了。还有一些半工半读的职业高中或中专学生，他们参加劳动同样比较早。实践证明，这两类孩子相对早熟，劳动意识相对强烈一些，很早就建立起了劳动观念和金钱意识，社会上的不少成功人士便是这样成长起来的。

要注意的是，孩子初次动手劳动时，可能会出现一些小问题，如洗得不干净，还可能弄伤了手脚等。这时候，父母除了表扬孩子的勇敢外，还要赞扬孩子的出色表现，鼓励孩子继续做下去，必要时可以给孩子一些物质上的奖励。父母给孩子最好的报酬是口头的表扬、微笑和感激，多向孩子说一声"你真棒"、"谢谢"、"好孩子"等。

父母要经常和孩子一起劳动，分享劳动成果。父母可以和孩子比赛，比如整理房间、扫地、拖地、洗菜、剥花生等。刚开始比赛时，父母可故意放慢速度，让孩子获得胜利，如此孩子就会有成就感，激发孩子参与劳动的热情。当孩子掌握方法后，父母可不断提高要求。同时，父母要和孩子分享劳动技巧，与孩子一起分享劳动成果。

平时，父母要循循善诱，不要逼迫孩子劳动。不管是父母还是老师，发现

> 时间最不偏私，给任何人都是二十四小时；时间也最偏私，给任何人都不是二十四小时。——赫胥黎

孩子逃避值日之后,都不能以恐吓的方式惩罚孩子。有些老师或父母一见到孩子没有完成值日,就马上以严厉的方式罚孩子扫地,这会挫伤孩子的劳动积极性,反而会使孩子觉得劳动是多么劳累的苦差事。

最后,家长要和老师沟通合作,帮助孩子成长。每个家长最了解自己孩子的行为习惯,如果孩子有不爱劳动的表现,那家长应该向老师求助,和老师探讨相关的矫正方法。孩子上学之后,大部分时间都在学校里,老师可以有意识地让孩子做一些力所能及的事情,比如通过值日、大扫除等活动,鼓励孩子积极参与劳动,让孩子感受劳动的乐趣。最常见的是学校大扫除活动,很多孩子干得热火朝天,满头大汗,大家有说有笑。有时,老师的一句鼓励的话,会让孩子们的干劲更足,全身心投入到劳动中去。孩子在这样宽松而快乐的劳动中,不仅学会了怎样劳动,而且收获了乐趣和快乐。

老师在给孩子安排值日时,通常采用值日生轮流制度。孩子从星期一到星期五依次轮流做值日生,扫地、拖地、擦窗、倒垃圾等。还有一些孩子负责监督、检查值日生的工作。这样,每个孩子都有事可做了,既能为同学服务,还在锻炼中逐渐养成责任意识和责任行为,逐渐形成习惯,最终形成良好的品质。

父母还要多鼓励孩子有耐心,做事情有始有终,例如让孩子每天浇一次花,父母时常监督,并鼓励孩子坚持一下。著名学者刘小枫先生近年来以锲而不舍的精神编纂"经典与解释"丛书,当记者问起他为什么有这般耐力时,刘先生说:"天性如此,加上母亲从小严格管教——刚满12岁那天,就要我去洗大被子,说是到了劳动升级的年龄,因为父亲12岁就离家进民族资本家的工厂当童工……那个时候,没洗衣机也没洗衣粉,得一点儿一点儿抹上肥皂用手搓呵搓……如今想起来就苦哦。刚开始抹肥皂时,觉得好绝望……何时才是尽头!只好不去想尽头,埋头搓就是……这样就养成了只管埋头干活的习惯。家里的被子其实仍然是母亲和姐姐洗,强制我洗几次,不过是为了磨炼我的耐性。"

孩子天生并不懒。假如父母要真正培养孩子,成就孩子的未来,那应该放开手,让孩子多参与劳动,学会劳动,在劳动中感受生活的艰辛和美好,从而成为一个积极生活、热爱生活的人。

贴心提示：孩子拒绝做家务，家长怎么办

有时候，孩子会拒绝做家务，这种现象比较常见。家长要知道，孩子不会无缘无故地拒绝劳动，比如心情不佳、有事情要完成或不想劳动。

◆ 家长可以和孩子商量一下做家务的时间，让孩子挑选一个恰当的时间完成家务。

◆ 如果孩子比较忙，家长也可以给予孩子一些帮助。最好答应孩子一起参与，并适当鼓励孩子。

◆ 不给孩子过重的家务，要让孩子做一些力所能及的活。

生命的高级与否往往取决于一点：有无孤寂感。越高级的动物往往越孤寂，同样，越低级的动物则越喧闹。——毕飞宇

陪孩子一起快乐成长

如果有奥特曼，我最想知道的秘密是……

- 奥特曼很干嘛不会笨？
- 奥特曼用不用充电？它到底是一个什么样的生物？
- 这为什么可以打倒怪兽而我却不行？它的家在哪？
- 如果我遇到困难，你会来帮助我吗？我要怎么才能向你一样。
- 它打完怪兽会飞向哪里
- 我想知道奥特曼嘴巴都不动，是怎么发音的
- 我想知道他们的人从哪里来，为什么帮助我们人类，他们的文明有多发达。
- 如果有奥特曼，我最想知道的秘密是地球会有多少年的寿年，人类会灭绝吗？
- 这世界上会有外星人吗？
- 如果有奥特曼，我最想知道的秘密是他是怎么变身的。

如果外星人把老师抓走，我会……

- 看着外星人把老师抓走，不然，我也会被抓走.
- 我会勇敢地去救老师
- 我会用我的嘴说服外星人放走老师，再打他们，让他们不敢再抓走我的老师。
- 我会跟踪他，打电话报警
- 我会报告国防部然后发动星球决战
- 如果外星人把老师抓走，我会去告诉警察求救。
- 给外星人寄钱，我人把UFO灭了
- 如果外星人把老师抓走，我会让他把我爹走。然后再叫奥特曼去打败他。顺便看看外星人长的什么样。
- 我会等老师回来，告诉主人翁讲她的老师，把外星人提走的人都去拿回来
- 我会不害怕，可能也会大叫，如果我在外面被抓的，我会问外星人:你要把老师怎么样了？你为什么抓走他(她)，还去报警。可以阻止他们做坏

孩子被欺负

孩子被同学欺负了，父母当然会很心疼，肯定不会袖手旁观。但是，有些父母往往因为一时冲动，会有一些过激的反应或错误做法。

有的家长见到孩子就说："你怎么这样没用，连自己都管不住，还被人打了！"

有的家长还会煽风点火地说："就知道哭，他打你，你怎么不打他呀？笨蛋！"

甚至有的家长对孩子说："假如别人再欺负你，你不还手，回来我也打你！"

还有家长说："他打你，你怎么不跟老师说？"

也有家长采取忍让的办法，认为孩子间打闹都是正常的，不必大惊小怪，一味忍让，无视孩子的感受。

前几年，我因为涉足家庭教育，接受过一些家长的咨询，有一个家长曾给我留下了一张小纸条，纸条上简单地写道："我是一个无助的孩子家长，我的儿子生来就胆小，不爱说话，上五年级之后，孩子班级换了老师。前不久，孩子被班级里的几个调皮孩子欺负了，还被当众脱了裤子。听老师说，班上的调皮孩子很爱打架，看谁不顺眼就打谁，搞得无法无天，老师也拿他们没办法，还让我家孩子不要和他们计较。我真不知道该怎样教育孩子。是让孩子容忍还是还手？是直接找对方家长还是不和他们计较？"

我看了这样的纸条之后，心里有说不出的难受。我真替那个受欺负的孩子捏一把汗，他作为弱者受到那么多不公正待遇，令人同情。

还有一个家长跟我说过这样一件事情，她家女儿刚上小学，由于生性柔弱内向，即使受到委屈也不会反抗。所以，班里一些好动的同学经常欺负她，有时是抢了她的作业本，有时是拿了她的文具，有时还有同学把她围住，弄得她很晚才回家。可是，她女儿从不敢向老师声张，只是有时候回到家向父母哭诉。为了女儿，她多次找老师沟通，可情况并没有改观，女儿依然被同学欺负，她为此非常苦恼，真不知道怎样才能使女儿脱离苦境。

需要说明的是，小孩子吵架打闹是成长中经常发生的事情。很多孩子刚刚吵架，可一眨眼工夫，他们又和好如初了。其实，有很多时候，是我们大人太小心眼了。

近年来，国内校园暴力事件时有发生。到2010年年底为止，国内校园相继出现了"学霸"、"班霸"和"网霸"。"网霸"的出现，说明校园暴力事件出现了新的阵地，虚拟网络世界成为一些孩子欺凌同伴的场所。这些孩子通过电脑、手机等途径攻击或骚扰同伴。有些孩子模仿电视、电影的暴力镜头，用暴力手段欺负同伴。据2011年5月的《羊城晚报》报道，福建某中学发生了一起暴力案件，某少年模仿电影镜头将同学活活打死。可见，校园暴力事件已经发展到令人发指的地步。

几年前，一起在大学宿舍连杀四人的"马加爵事件"轰动全国。马加爵曾是一个不善言谈的孩子，也多次受同学欺负，甚至还有同学在他的被子上撒尿。临刑前，他在一封信里这样写道：

> 当我看到同学们时我很热情，他们为了打发时间约我打牌，我很乐意地接受了，其实我们原来也经常玩牌的，其实无须掩饰，我智商真的比较高，所以打牌经常赢。几个同学都怀疑我作弊，我坚持说没有，谁知道那三个我自以为平时没有歧视过我的同学、以为一直平等对我的同学，竟然恶语伤我、踩踏我的人格，还揭露了我以前的许多伤疤，包括那女生撕毁我情书的事情。什么苦楚什么贫苦什么艰辛的生活我可以忍受，其他人歧视蔑视我，我也可以忍受，可是我这几个平时稍微好点的同学竟然这样残酷无情地践踏、踩踏我的人格尊严。
>
> 原来每个人长期以来一直这样，凶悍地歧视我、残忍地嘲笑我，我的心很痛，我的泪悄悄地落下了。我是一个坚强的人，我不曾被艰辛贫苦生活打败，可是当我的人格尊严被人糟蹋得不成样子的时候，当我的过去的伤痛被人再次拿出来嘲讽的时候，我的心滴血了，践踏我的竟然还是平时关系稍微好点的同学以及老乡！
>
> 我在这种氛围下再也难以立足了，是他们残忍地对我，是他们不给我活路，他们没有给我留后路，他们淋漓尽致地侮辱完我后，居然还那样嚣张与快乐。
>
> 我伤痛的心找不到归处！总浮现出他们淋漓尽致侮辱我的样子，我没有退路了，我决定玉石俱毁，我决定给那些歧视穷苦人、蔑视穷苦人的人一个教训，我决定给那些无情践踏、残忍踩踏穷苦人人格尊严的人一个

教训，我本来习惯被人歧视、被人蔑视的。

可是这次他们表现得实在是太淋漓尽致了……终于我买了一把石锤，结束了他们几个人的生命。

可以说，马加爵从一个被欺负者蜕变为一个欺负者，只是一步之遥，是他被欺负后的怨恨、压抑的情绪和扭曲的生命观最终酿造了惨案，而这些都是长期积压的结果。据说希特勒在年轻的时候，多次被犹太人欺负，所以有了后来的"屠杀犹太人事件"。这正如心理学专家所说："我们都知道身体发烧到39度是极限，不看病要出事，可心理发烧到39度以上，还能忍吗？一样要出事的。"可见，人性中有恶的成分，残忍是人的天性之一，只要存在诱因，每个人都可能做出非常极端的事情。一个被人欺负的孩子，如果得不到关爱和帮助，他会将不良情绪长期积压起来，进而转化成冷漠和仇视心理。

因而，孩子被同学欺负后，父母感到紧张是相当正常的事情，但大人切勿有过激的反应。这时候，最需要父母安慰和疏导孩子情绪了。**孩子在外面受了委屈，一般不会直接告诉父母，因为孩子怕大人批评，但孩子会把这种不满情绪显露出来，诸如出现沉默寡言、脸上有泪痕、情绪低落等。**有时候，好端端的连饭都吃不下去，这些都表明孩子有不良情绪。

细心的父母发现后，不可马上质问孩子发生了什么，那样会使孩子紧张，不愿意将事情真相告诉父母。父母应先调整好自己的情绪，让孩子感到家里的舒适安全后，再温柔地询问他，不可直奔主题地问，家长可以问今天遇到什么有趣的事情、晚饭想吃什么、睡前想听什么故事等谈起，然后再切入主题。这样，孩子觉得父母是支持他的，便愿意说出事情真相。若是孩子错了，父母应适当批评他，指出他被欺负的原因；若是别人的错，父母先安慰他，不可嘲笑或打击孩子，那样会使孩子感到无地自容。同时，父母最好不要借此打击对方孩子，那样会使自己孩子产生仇恨心理。

如果孩子遇到"网霸"攻击，家长应联合老师一起解决问题，依据事实说话，对欺凌同伴的孩子进行教育，矫正不良行为偏差。学校可以通过各种途径，疏导孩子的不良情绪。

父母教育孩子时要讲究方法。每个孩子都需要有自我保护的能力，而这种能力需要父母的教育和提醒。当孩子面对同学的欺负时，有一种比较好的方法就是让孩子大声呼喊。这样做的好处是，既能引起旁人的注意，也能对欺负者

一个人最重要的不是重复别人说过的话，重复别人已经做过的事，而是善于在前人的启示下，说别人没说过的话，做别人还没做过的事。——郑渊洁

发出有利警告。假如孩子持续大声呼喊，那欺负者也会感到心虚和害怕。

父母要鼓励孩子自己处理问题。如果父母想让孩子长大，那应该给他独立解决问题的机会。对于孩子间普通的打架，父母没必要什么都管，尽量让孩子学会自己处理。父母最好以旁观者的身份倾听孩子的陈述，可以这样询问孩子："你觉得自己错在什么地方？""你想怎样处理？"如果孩子在气头上，一定要"以牙还牙"，那父母当然要帮助孩子认识到这种硬性处理方式的不妥。学校也可以通过活动，教育孩子如何处理愤怒情绪和表达拒绝暴力的能力。

最重要的是，要教育孩子如何和同学和睦相处。孩子被欺负，一个重要原因就是缺乏人际交往能力。所以，父母应当从小培养孩子如何与同龄人和睦相处，告诉孩子与人相处的原则和方法，比如怎样待人接物、怎样称呼对方、怎样有礼貌地说话等。

假如孩子被欺负的情况的确比较严重，而且多次被人欺负，那家长应该以平和的态度找老师沟通一下，具体了解其中的原因，有针对性地解决问题，而不是一味指责，那样只会让事情变得更糟。

任何暴力事件都离不开道德教育和法制教育的引导。家长和老师可以用讲故事、案例分析等形式帮助孩子树立良好的个人品德，尊重和怜悯生命。现在很多学校都开设专门的法制教育，邀请法律人士组织学生学习《未成年人预防法》《未成年人保护法》等法律知识，这对增强未成年人的法制意识具有一定的效果。

诚然，孩子间相互欺负是常有的事情，那是孩子们最原始的行为表现。家长和老师也不必大惊小怪，关键在于正确引导孩子，帮助孩子正确看待这种事件。只有孩子能够意识到被欺负的原因，改掉自己身上的毛病，增强与人交往的能力，才能不受人欺负。

贴心提示：孩子打架了，怎样和同学和好

　　大人不用着急，先让孩子反思自己的行为，分析对与错。如果孩子比较任性和倔强，不会认识到自己的错误，那大人应该帮助孩子分析打架的原因，理清是非。这是孩子和同学和好的基础。

　　等孩子认识到自己的错误，并且情绪稳定下来之后，大人要找机会让孩子和同学见面，让双方面对面交谈，分析各自的错误，最好让他们自己处理，该认错的认错，该道歉的道歉。

　　孩子和同学初步和好之后，大人可以鼓励孩子相互串门，这是消除孩子间隔阂的最好方法。

> 别让"消沉"在你心上占有一席之地；别让"懦弱"出现在你的嘴边话里；别让"倦色"爬上你的额前眉际。　　——马修·阿诺德

孩子在家里和学校判若两人

几年来,有不少家长向我反映:"老师,你替我多说说孩子吧!我们做父母的说他,他总是不耐烦。"

"孩子在家很不听话,还跟我闹脾气,你抽空帮我说说他。"

"我家孩子一放学回家就知道玩,很少看到他写作业。我们说他,他反而说我们管得太严,还跟我们赌气。"

"孩子在家很乖,可不知道为什么一到学校就不认真学习了。"

"我家孩子从不跟坏孩子玩的,上学之后,孩子偏偏爱上了网络游戏,还和老师顶撞。"

"孩子在家很老实的,怎么会那样不听老师的话呢?"

……

每当家长和我聊起这些事情,我总在想:为什么孩子在学校和家里判若两人呢?这个问题的根源又是什么呢?

我记得有一个叫毛毛的孩子,刚10岁,正在读小学四年级。在老师眼里,毛毛是一个活泼、可爱、听话的孩子,毛毛上课很认真,思想从不开小差,平时和同学玩在一起,从不和同学吵架,是老师眼中的好学生。

可是,毛毛一回到家,就好像完全变了一个人似的。他将书包一甩,就坐在沙发上看电视。吃饭的时候,毛毛还让父母把饭送到电视机前,自己一边看电视一边吃饭。每次都是父母催促孩子写作业,可他却不听父母的话,还说:"你又不是老师,你管得着吗?"无论父母怎么给孩子讲道理,毛毛依然我行我素,等玩够了,才去写作业。

很多家长可能遇到过类似的问题。孩子在家很顽皮,不管谁说都没用,可孩子一进学校,就成了乖孩子,是老师眼中的好孩子。让人不可思议的是,这么小的孩子就有了两面性。

有一个网友曾给我来信说:"我的孩子6岁了,性格比较外向,在家很活泼,有说有笑,喜欢和同伴玩耍,可一到学校,老师常说孩子过于内向,还说孩子的胆子越来越小了。我怕长期下去,会影响他的性格。"看得出来,这位家长非常焦急。

孩子在学校和在家里表现不一样,的确让父母苦恼,这是相当普遍的现象。父母不必为孩子的"两面性"大惊小怪。

《现代汉语词典》中对"两面派"的解释是:"耍两面手法的人,也指对斗争的双方都敷衍的人。"在国内外影视剧中,常常会有这样令人厌恶甚至憎恨的"两面派"角色。

其实,孩子在学校和在家不可能完全表现一致,因为对上了学的孩子来说,每天往返于学校与家庭之间,这两个地方的氛围略有不同。就拿我们成人来说,在单位和在家还不一样呢。所以,家长不必把这种现象看得特别严重。

作为家长,当然最希望能够及时发现孩子的这一行为。其实这是孩子情绪的宣泄渠道。比如有的孩子对老师不满,害怕老师或害怕学习。

因此,我们还是听听孩子本人的想法。我特地找了各类学校的孩子了解情况,大多数孩子认为这是一种虚伪、不诚实的表现。可是,那些在家里和学校表现差异很大的孩子也有自己的说法:

"在家里总觉得很烦闷,看到父母就不想说话。"

"老师比父母要亲切多了,至少老师还能理解我。"

"父母不要天天唠叨就好了,每天在我面前说来说去。"

"在学校最怕老师批评,老师一批评,我就感觉很压抑。"

"父母很凶的,我不想在他们面前表现出真实。"

"我这样做也是逼不得已的,谁叫父母和老师是两种不同类型的人?"

……

孩子的行为容易受环境影响。这点,从孩子们的话里得到了印证。孩子所生活的环境不同,容易使孩子出现家校表现不一致的情况。有一个孩子告诉我,他的父母都很凶,每天唠叨不停,一旦他在学校里表现不好,父母动不动就骂他,有时还打他。所以,他在家里的时候,总想着与父母对抗,只要是父母要求他做的事情,他一概不做。可到了学校之后,老师没有像父母那样严厉,这让他觉得学校有一种亲切感,感到自由和舒坦,反而特别喜欢听老师的话。

大家都清楚,家庭教育和学校教育的性质和目标都不尽相同,两者不可能完全一致。**不同的教育造就不同的孩子,也使孩子的表现可能出现不同。**

再说家长和老师的教育方式。很多时候,在学校和在家里表现不一致的孩子,问题其实出在父母身上。父母的教育方法不当,或者对孩子过于溺爱、

放纵，这样不但使孩子在学校培养的良好习惯无法巩固，还会助长孩子表面一套、背后一套的不良品质。

隔代教育也会有所影响。有些工作繁忙的父母，都是将孩子放在爷爷奶奶身边，对于孩子在校的学习生活又非常放心，认为在学校老师就会负责一切，于是很少注意孩子的表现如何，哪怕有些家长过问，老人也只是简单地说声"乖或不乖"便作罢，孩子当然不会主动把自己的不良表现汇报给家长，往往是报喜不报忧。其实，家庭成员应经常在一起商量有关孩子的教育内容、要求、方式和方法。

另外，父母的素质、教育行为影响着孩子的发展。有的父母要求孩子晚上9点睡觉，自己却看电视看到很晚；有的父母要求孩子不要挑食，但自己却在孩子面前表现出挑食……类似这样的现象很多。父母要求孩子做到，自己却做不到。父母的威信一旦失去，很多孩子宁愿听老师的话，也不愿意接受父母苦口婆心的劝说，从而使孩子成了"两面派"。

有些孩子在家很乖，在学校却表现疯狂，常常闹事，这又是什么原因造成的呢？其实，道理是一样的，是老师的威信远不及家长或是孩子不认同老师的教育方式。

除此以外，可能还跟孩子的年龄有关，孩子作为弱者，在面对父母或老师的管教时，会有一种本能的自卫心理。心理学家认为，人为了使他人对自己产生良好印象，常常把真实的自己隐藏起来，这是人适应社会生活的一种方式。

当孩子出现这种情况后，父母又该怎么办呢？**我建议父母从培养孩子良好的规则意识和遵守规则的能力做起，让他懂得什么时候是自由的，可以尽情地放松、自由地玩耍；什么时候需要克制自己、遵守规则。**父母一定要给孩子自由的空间，同时又要让他懂得遵守规则，二者缺一不可。

奥巴马夫妇共育两个女儿，为了让两个孩子更加健康成长，夫妇俩对女儿们制定了几条既简单、观念性又很强的家规。

1. 不能有无理的抱怨、争吵或者惹人讨厌的取笑。

2. 一定要铺床，不能只是看上去整洁而已。

3. 自己的事情自己做，比如自己冲麦片或倒牛奶，自己叠被子，自己设置闹钟，自己起床并穿衣服。

4. 保持玩具房的干净。

5. 帮父母分担家务，每周 1 美元。

6. 每逢生日或是圣诞节，没有豪华的礼物和华丽的聚会。

7. 每晚 8 点 30 分准时熄灯。

8. 安排充实的课余生活：玛莉亚跳舞、排戏、弹钢琴、打网球、玩橄榄球；萨莎练体操、弹钢琴、打网球、跳踢踏舞。

9. 不准追星。

这九条规定非常简单而具体，一就是一，二就是二，对于五六岁的孩子来说也能看懂和领会。这几条家规的重点在于培养孩子成为一个有教养、有自理能力、有理财观念、勤俭节约、有良好作息习惯、多才多艺的人。相信这也是很多家长的共同愿望。

另外，孩子上学后，父母的第一要务是和老师谈谈孩子在家的表现，应采取积极态度，了解孩子的学习情况，还要了解孩子在学校的思想、言行和人际关系等。如果老师发现孩子在学校有不同于家里的表现，也会把情况反映给家长，这对家长教育孩子无疑有很好的帮助作用。

家长可以通过"家校联系卡"、"家校联系本"、"亲子乐短信平台"等方式加强与老师的联系，对孩子的点滴进步要及时鼓励与肯定。

教育孩子时要注意宽严相济。每个家长都希望把全部的爱倾注在孩子身上，给孩子创造良好的生活环境，但过于宽松的环境也不利于孩子的成长。孩子有了错误，父母不可置之不管，该批评的就要批评，该惩罚的就得惩罚。

在此，我们还是要强调一个原则，那就是家长和老师在教育孩子时，要尽可能地齐头并进，协助孩子行走正直、一路坦荡，使家庭教育和学校教育相得益彰。

贴心提示：怎么帮助孩子建立规则

不管是在学校，还是在其他场合，每个人都需要遵守一定的规则，这是现代人文明礼貌的体现。所以，大人要培养孩子的规则意识，逐步使孩子做到自我约束，可以从以下几个方面做起。

◆ 家规的制定必须合理清楚，孩子能明白，也有能力做到。

◆ 养育者必须态度一致，并且要划出专门的时间，监督落实。

◆ 可以根据家规制定合理的奖惩制度。

◆ 让孩子学会反思，在错误中反思自己。

孩子老抄作业

一提起孩子抄作业，相信很多家长都会火冒三丈。每次放假，特别是学校放长假时，总有不少家长向我诉苦，说孩子老抄作业。

李女士的孩子在读初二，可孩子抄作业的历史已经有好几年了。最让她头疼的是，孩子抄作业还搞分工合作。每次放长假的最后几天，孩子总叫一些同学到他家写作业，其实是互相抄作业。

徐先生非常郁闷地告诉我，他的孩子在暑假里玩疯了，可在假期的最后两天里，孩子居然完成了所有作业，且做得又快又好。后来，徐先生经过仔细观察，终于发现了孩子做作业的秘密。孩子写作业时总要打开电脑，然后把题目发到一些网站上或学校同学的QQ群里，因为这些网站和QQ群都能提供作业答案。

最大胆的抄作业行为可能就是雇人做作业了。郑女士在公司里上班，平常很少管理孩子，可后来发现孩子为了完成作业还特地用钱雇了一个大学生，天天给孩子做作业。我曾在一个论坛里看到这样的信息：急招抄作业人员1名，每天支付200元。当时，我还以为是大学的函授学生为了应付检查而找人抄笔记或作业，后来才知道原来是一个初中学生在请人帮写作业。

我们都知道，孩子上学之后，生活中就有了一件叫"作业"的东西。国内的孩子每天都要和作业打交道，作业成了孩子的一项学习任务。可是，**孩子并非天生就爱抄作业，总有一些原因，比如不会做、来不及做、懒得做等。**

对很多孩子来说，抄作业实属无奈，都有被迫的因素。孩子第一次抄作业的时候，总会提心吊胆，有一种不安的心理。即使孩子抄完作业之后，还是惶恐不安，生怕被家长或老师发现。但经历了第一次抄作业行为之后，接下去就可能有第二次、第三次、第四次……人的厚脸皮也就是这样训练出来的。

每个孩子都知道抄作业是一种不诚实的行为，所以他们常常避开父母的视线抄袭。孩子也是受害者，需要父母的理解和关爱。如果大人能够为孩子提供宽松的环境，以理解的眼光看待孩子的行为，想必孩子会将自己的苦衷告诉父母。这样，父母既能准确把握孩子抄作业的原因，又能帮助孩子矫正抄作业的行为。**相反，父母采用粗暴的方式，只会使孩子感到不被理解，从而不信任父母，会继续背着父母抄作业。**

盖大自然既是一册完好教本，一粒花种种入地，由发芽而至成长、开花、结子，若日日注意考察其成长状况，则所得何尝不胜读一册自然教本也。——竺可桢

如果孩子抄作业是因为环境不好,那父母要检讨自己的家庭教育方式了。有些孩子兴冲冲地把家庭作业带回家,准备饭后完成,不料,家中来客人聊天,或看电视的声音太响,使孩子写作业受到严重干扰。这就怨不得孩子了。

那么,孩子到底可不可以抄作业呢?我曾和一些老师和家长讨论过这个问题,我们一致认为孩子抄作业是一种错误行为,不应提倡。这种五花八门的抄作业行为,终究会在考试的时候暴露出问题,不少孩子一到考试便使不出什么花招了,才发现抄作业原来是一种"慢性自杀"。

从长远角度来说,孩子抄作业还可能影响日后的生活和工作。所以,如何杜绝孩子的抄作业行为是一个大问题。

有家长说,为了避免孩子抄作业,干脆陪伴孩子写作业。现在很多学校也流行这样的方式,即让家长帮忙检查孩子的作业并签字。我认为家长陪孩子写作业,要根据孩子的实际情况而定。**如果刚上学不久,比如幼儿园时期或小学低年级,孩子尚不能正确书写、时间观念淡薄或写作业效率不高,家长可以陪伴孩子养成良好的写作业习惯,但要适当放手,给予孩子独立完成作业的时间和空间。**如果孩子已经能够独立写作业,那家长就没必要陪伴孩子写作业了,因为写作业是孩子的事情,作业的对错也是孩子的事情,这才能真实地反

孩子:妈,晚上又有一堆作业,我又要挑灯夜战了……
妈妈:孩子别怕,老妈和你一起分担吧!

映孩子的学习情况。

从这个角度而言，家长也没有必要将孩子送到老师家或辅导班写作业，因为这样做不仅会束缚孩子的手脚，而且会使孩子对老师产生依赖性。孩子遇到不会做的作业，老师可以帮忙解决，从而使孩子的独立思考能力不断下降。

值得一提的是，很多家长看见孩子一回家，就让他写作业。其实，这样的做法很不科学。家长首先要做的不是让孩子马上写作业，而应主动和孩子进行交流，倾听孩子在学校发生的趣事。等孩子的故事说完了，家长说："我想你知道现在该干什么。"我想，很多孩子都会说："我该写作业了！"孩子在宽松的环境下写作业，必然会提高速度，避免抄作业。

家庭作业是学校教育的延伸，也是老师了解孩子学习情况的重要途径。对老师来说，布置适量的作业，精选作业内容，将数量变为质量才是关键所在。如果作业量太大，孩子来不及做完，那父母应积极和任课教师联系，并征求各任课教师意见，能否按照孩子的学习情况调整作业量。

此外，老师可以鼓励孩子自主选择作业内容。具体来说，老师布置作业的时候，是面向全体学生的，没有考虑到每一个学生的学习程度。一些学习成绩优秀的学生，其实没必要做相同的作业，而一些学习成绩一般的学生也没必要做过多的作业。对于慢性子的孩子，则要规定写作业的时间，让他逐渐养成快速写作业的习惯。**老师可以给孩子布置一定范围的作业，设计"必写作业"和"选写作业"，孩子可以根据自己的学习情况有选择性地写作业。**

让孩子自己决定写哪些作业，这是培养孩子自我管理能力的有效途径。如果孩子能坚持两三年，必定会产生积极的效果。

老师在批改作业时，要做一个有心人，多留意班级孩子作业的雷同现象，比如同学之间、主观表述和标准答案有雷同等现象。作为老师，要及时制止这些行为。如果老师没有及时恰当地处理，久而久之，孩子的抄作业行为会更加大胆。如果孩子遇到不会写的作业，大人要大力支持他们自己到书店、图书馆、网络等查找答案。假如作业太难太偏，实在找不到答案，大人要鼓励孩子诚实地写作业，允许孩子作业留白。

如果老师发现了孩子的抄作业行为，不能当众批评孩子。老师和家长可以通过心理教育的渠道，重在疏导孩子，教育孩子抄作业是一种心理不成熟、不健康的表现，懒惰是学习的大敌，只有勤奋才能取得好成绩。

生活中最基本的技巧是交流，最可依赖的品质是耐心，最糟糕的行为是抱怨，最易见效的努力是从自己做起。　——张新房

贴心提示：孩子作业太多，家长怎么办怎么说

遇到孩子作业太多，家长可以这样对老师说："孩子在老师的教育下，有了不少好的表现，我们一家人都感到高兴，还要由衷地谢谢老师。可最近我们发现孩子很烦躁，一看到作业就很苦恼。孩子为了完成作业，还真是挑灯夜战。但是，眼看着孩子的逆反情绪越来越严重，我们真不知道该怎么帮他。"

有了这样的开头后，家长可以循序渐进地说："我们能否商量一下，看看是否有必要帮助孩子减少点作业，比如重复类的抄写作业，是否只要孩子能记住，就可以减少抄写的数量。"

如果老师不好说话，那不妨发条手机短信或写封信交流。如果家长的意见遭到老师拒绝，那家长们可以联合起来，一起和老师沟通，这样的效果会比较好一些。

当然，矫正孩子的抄作业行为有一些实用方法。家长平时要多关心一下孩子的作业，和孩子交流写作业的问题。有时候，家长也可以帮助孩子一起写作业，但要量力而行，以免演变成帮助孩子欺骗老师。

苏霍姆林斯基说:"要教育好孩子,就要不断提高教育技巧。要提高教育技巧,那么就需要家长付出个人的努力,不断进修自己。"孩子上学后,教育孩子不全是老师的责任,父母同样有责任。只有父母加大教育参与度,与老师亲密合作,才有可能给孩子好的教育。

第六章
如何鼓励老师与我们合作

家长能为老师做些什么
家访可以这样轻松有效
如何巧用家长会
快乐组建家长联合会
别让老师的关照成为溺爱
一定要给老师送礼吗

家长能为老师做些什么

许多家长对老师的工作很认可，也心存感激，总希望能答谢老师。可是，让家长们感到困惑的是，该为老师做些什么事情呢？

两年前，豆豆妈给我讲述了她和老师的故事，让人深受启发。豆豆妈是一个园林工作人员，园林里有植物、假山、建筑，风景如画，俨然像一个美丽的公园。平时，孩子都由豆豆爸接送，所以她对孩子在学校的表现不是很了解，但又很想通过老师了解一下学校的教育和豆豆的学习情况。

幸运的是，豆豆遇到了一个很热心的老师，豆豆老师经常打电话到她家，还向豆豆父母反映豆豆在学校的情况。因为豆豆刚上小学一年级，起初对学校生活不是很适应，经过老师的指导，豆豆慢慢地适应了学校生活。豆豆妈知道老师为孩子付出了许多精力，她有说不出的感动，想礼尚往来但苦无良策。

直到有一天，豆豆妈的单位里来了一群特殊的客人，一群小学生在老师的带领下来园林参观。孩子们对园林里的植物表现出前所未有的兴奋，孩子们不停地向老师打听植物的名称，可有些植物连老师也不认识，只好让园林工作人员解释。在那天的活动中，孩子们认识了许多植物的名字、生长和特性，还见识了许多古代建筑，有的孩子还拍了照片，看着孩子们满载而归，豆豆妈想到了一个好主意。

当天晚上，豆豆妈特地给老师打了电话，问老师能否带孩子到园林参观一下，这不仅可以让孩子增长知识，而且可以培养孩子对大自然的热爱。老师听后，非常高兴，当时就答应了，并和豆豆妈约好了参观的时间。

到了预定的时间，老师带着班里的学生乘车到了园林。孩子们一下车，立刻欢呼雀跃起来："好漂亮的树"、"好美的亭子"、"好清澈的水"……豆豆妈亲自走在孩子们中间，耐心地给孩子们讲解有关园林里的景物和园林的历史文化。最有意思的是，有几个喜欢画画的孩子拿着笔画了一幅又一幅的风景画，有几个孩子还将植物的名字一个一个地记下来；有一些孩子还爬上了假山，站在山顶欣赏风景。园林里有一条小河，水里养着几只鸭子，孩子们追着鸭子跑。最快乐的当数豆豆了，因为她见到了妈妈的工作，同时增长了许多有趣的知识，内心充满了自豪感。

通过这次参观活动，孩子们欣赏到了园林里美丽而奇特的风景，学到了许多园林知识，这可比在课堂学习更加直观、印象深刻。同时，豆豆妈也利用这次活动对老师聊表谢意，拉近了彼此之间的距离。

很多家长平时抱怨自己不知道怎样和老师培养感情，其实很简单，像豆豆妈那样根据自己的工作特点，为老师和学生创造了一个参观园林的机会，这不是一举两得的事情吗？家长们可以根据自己的实际情况，为老师做一些力所能及的事情，这也是配合老师的工作之一。

我再说一个例子。有一个医生朋友，跟我聊起当年他给初中生上课的事情时，兴奋不已地说："现在的学生太好玩了。"原来那个医生朋友的孩子读初三，当时孩子的科学课本中有一个章节是讲人体新陈代谢的，里面涉及血液循环、血压、心脏解剖等内容。有一次，他的孩子曾无意中说起老师讲的内容枯燥乏味，完全引不起同学们的兴趣，向她老爸请教有关人体新陈代谢的问题。

孩子这么一问，倒引起了父亲的注意，他就想：既然有很多学生觉得老师讲的内容比较枯燥，不如自己到学校给学生上一节课。当然，这不是抢老师风头，而是配合老师的教学工作，毕竟自己在医学方面有专长。于是，他向孩子打听，学校是否允许校外专业人士到学校讲课。他女儿说，以前有几个心理咨询师到学校开过讲座。那医生朋友向女儿要了科学老师的号码，真是无巧不成书，因为老师也正想找一个医生到学校讲课。

在征得老师的同意之后，那个医生朋友就立即准备资料给学生讲课。出乎意料的是，来听课的不仅仅是他女儿的同学，还有其他班级的学生。那天晚上，医生朋友穿了一件白大褂走上讲台，底下的学生立即兴奋得跳起来，因为他们还是第一次见到医生到学校讲课。那个医生朋友从包里取出医疗器材，如听诊器、手术刀、血压计、脉搏计等，他讲课的内容是如何测脉搏、血压和解剖猪心。

由于是医生，他那精彩的讲解和精湛的操作赢得了学生一阵阵热烈的掌声。有意思的是，他还让学生亲手测量心率和血压，然后让他们对测出的数值进行分析。整个过程在非常愉悦的气氛中进行，学生的热情参与让他感到无比喜悦。

我听了他的经历之后深受启发：我们家长为什么不利用自己的专业技能到学校为老师做些事情呢？生活中有各种各样的工作，学生在书本上所学的知识毕竟有限，所获得的视野毕竟狭窄，如果能让家长根据自己的工作特点和经历到学校讲课，不失为一种很好的尝试。

小聪明的人，往往不能快乐。大智慧的人，经常笑口常开。 ——三毛现在的学校教育日益大众化和多元化，知识传播不再局限于书本，电视、网络、报纸等都是学习的重要渠道。

许多学校，也包括幼儿园，经常有亲子活动，这是家长了解学校、了解孩子校园生活的最好方式。有些学校还常联系街道社区、公司、商场，给学生参观的机会。

如果您是一位心理咨询师，您可以选择一个合适的机会，为孩子们讲学习心理、交往心理和考试心理等；如果您是体育运动员，您可以征得老师的同意，到学校开个关于体育锻炼的讲座，告诉孩子们怎样强身健体；如果您是一个公司的员工，您可以让孩子们到公司参观产品，了解产品的生产过程；如果您是一名大学老师，您完全可以到学校开一个讲座，帮助学生和老师提高知识水平……只要您是一个有心人，就一定能为学校、老师做些事情。

所以，有条件的家长可别错过这个大好时机。当然，不是所有的家长都愿意参加学校的活动，这不能强求。我认为，只要家长们肯动脑筋，就一定能配合好老师的工作，为孩子创造一个健康快乐的学习环境。

贴心提示：家长想为老师做点事情，怎么开口

很多时候，有家长想为老师做些力所能及的事情。

◆ 如果家长发现老师的工作很辛苦，很想为老师分担一下，可以带着感激之情，以询问的语气和老师说："老师，孩子交给您，真让您费了不少心思。您看看，有什么事情需要我帮忙的？"

◆ 如果家长想帮老师管教孩子，可以这样直接说："老师，您辛苦了，孩子在家的时候，我们再多多教育他（她），有不懂的地方再来请教您。"

◆ 如果家长想去学校帮老师做点事情，先克服胆怯和疑虑，然后可以这样和老师说："老师，您好！我有一个想法想跟您商量一下，不知道您有没有时间？"

◆ 在一般情况下，家长所提的合理想法都会获得老师认可。但有时候，老师也可能会拒绝家长帮忙。在这种情况下，家长也不必大惊小怪，这可能和老师的性格等因素有关。

家访可以这样轻松有效

一提到老师家访，十之八九的孩子都有心理压力，家长也莫名紧张。孩子把老师的家访当作一件非常沉重的事情，有些孩子故意把家庭地址写错，让老师找不到家。有些孩子一听老师要家访，就把门关起来，或者躲得远远的。

我在教书的时候，就碰到过这种事情。那时，学校规定，每个老师在学期结束之后都要去家访。和我同组的是一位老教师，我们带着家访名单乘车去学生家里。我按照家访名单上的地址逐个家访，遇到热情的家长有好几个，给我们倒茶，陪我们谈话。不热情的家长也不少，当我们走进一个孩子的家里时，门是开着的，就是没见着人，邻居说他们刚出去。我们便到另一个孩子家里去，可是当我们走到他家门口的时候，门突然关了起来，我们使劲地喊他的名字，结果没人回答。正当我们要离开的时候，只听屋子里传来一个中年妇女的声音："你们不用来了，孩子下学期不读书了。"我们觉得十分尴尬，只好无奈地走了。我们也碰到有一个孩子躲在楼上不愿意下来，他的父母同样没在家。最令我们哭笑不得的是，一个孩子故意把地址写错了，连电话号码都是假的。如此家访，真的让人头疼。

在后来的一次家访之前，我特地给学生布置了一篇作文：谈谈对家访的看法。作文交上来了，大部分孩子向我诉苦，说最好不要家访，那会增加他们的负担。有孩子写道："在老师眼里，我们总有说不完的缺点，家访无非就是告状呗。我的日子已经很不好过了，老师就别到我家向我妈妈告状了，那样我会活得更惨！"有孩子说："家访让人感到压抑。"也有孩子说："家访之后，爸妈就骂我打我。"还有孩子说："我不怕老师来家里，我一走了之。"赞成老师家访的孩子非常少，他们所期待的是家访不会给他们带来压力。

那么，家长又是如何看待家访的呢？2010年4月，山东的《半岛都市报》开展"今天我们怎样家访"的征集活动，有近百名家长通过电话、短信和邮件等方式参与。对于家访，不少家长非常怀念，其中七成市民对传统家访表示支持，三成市民认为通过电话等形式与家长联系既方便又能解决问题。市民徐女士的儿子当年读高二，她很怀念孩子读小学的时候，每学期都有老师过来家访，自己与老师的沟通十分顺畅。有些家长认为，老师不家访，孩子在学校的情况就很难知道。

常识丰富的人无论哪一方面都容易成功。——郭沫若

在我所认识的家长当中，他们对家访既期待又紧张，但大多数家长还是比较赞成家访。我认识一个在外地做生意的家长，当他听说老师要家访，便连夜从外地赶回来。他认为，家访是老师对孩子负责的表现，再忙的生意都应该先停下来，热情接待老师也是尊师重道的体现。虽然老师家访的时间并不长，但家长和老师在交流中可以增进了解。我相当欣赏家长的做法，他把和孩子息息相关的重要事情放到了一定的高度去重视，我有理由相信，生意上的他也应该是个成功的商人。

一些家长认为没必要家访，因为他们的工作太忙了，没法请假接待老师。特别是在外地工作的家长，很少有时间回家。有些家长认为家访没作用。一些家长认为即使老师到家了，也说了一些孩子学习方面的情况，但最终解决不了问题。一些家长认为孩子在家表现不好，自己也没脸面见老师，所以一听说老师要过来家访，总感到有很大的压力。还有一些家长认为见到老师不知道谈些什么，心里没底。只有极少数家长偏袒孩子，不愿意接待老师。个别孩子在家里成了小皇帝或小公主，怕见到老师，就利用各种方法不让家长见老师。因此，当老师来家访时，请放下你的心理包袱，这样才会使沟通顺畅。

家访是家长与老师双方相互沟通的事情，最重要的是要得到家长的理解和支持，离开了家长支持的家访终究是一大败笔。实际上，上门家访可以让老师对学生的真实情况有最直接的了解。很多时候，学生在学校里，在老师和同学们面前表现出来的状态并不是最真实的，他们的性格特点或生活状况往往只有在家里才会很自然地表露出来。因此，家访并非过时，我们依然需要家访，但莫拿沟通折腾孩子。

在今天，我们又该如何使家访变得轻松快乐呢？或者说，我们需要怎样的家访呢？

对于家长来说，不必太刻意准备家访。我记得有个家长为了迎接老师家访，从早上6点就开始打扫卫生，擦地都擦了十遍，忙里忙外，直到下午才彻底打扫干净。本想休息一下，一想到老师马上要到家了，她就急着打扮自己。家长这样做，目的是给老师留下好的印象。但我认为，家长没有必要这样紧张，老师过来家访无非是了解一下孩子的情况（比如了解孩子在家的生活习惯），有助于老师在学校关注孩子，最主要的还是家长与老师谈谈如何教育好孩子。在这一过程中，家长会给老师提一些要求，老师也可能会给家长一定的教育指导。

除此以外，家长切不可回避老师家访，那样会给双方造成隔膜。无论家长以何种方式回避家访，都是对老师的不尊重。如果家长不喜欢家访，那如何跟老师说呢？一些家长觉得家访没必要，那就应该事先和老师说明情况，尝试采用新的沟通方式。遇到老师向家长告状的情况，家长可以耐心地听老师陈述，即便说出了孩子在学校的所有缺点，家长也不必大惊小怪，不能因老师据实相告而对老师另眼相看或冷落批评孩子。

对老师而言，要注意家访的方法：一是注意措辞，不可把孩子说得一无是处，有些老师喜欢在家长面前批评孩子，结果搞得孩子抬不起头来；二是不要拿孩子的成绩向家长施加压力，这会使家长和孩子都丧失自信心；三是不能进行无目的的家访，或者讨好家长。

家访最主要的还是创造一个轻松愉快的谈话环境，所以家长和老师选择什么样的谈话内容将决定家访的成败。 在家访的过程中，家长和老师最忌仅仅谈论孩子的学习成绩。家长和老师应该多谈谈孩子的优点和潜力，以及如何挖掘孩子的潜力，给孩子关怀和鼓励。孩子的性格、生活习惯、交友情况等都应成为家访谈论的话题。

我接触过很多家长，他们都有心中理想的家访方式。有很多家长认为，家访不一定要到家里，有的老师家住得很远，与其让老师"千里迢迢"过来家访，还不如和老师约一个对双方来说远近都适中的地方，例如公园、咖啡厅、茶房，这样既节省时间，又能减轻老师的负担。

其实，只要达到交流这个目的，不管什么形式都是可取的。比如进行网上聊天式家访、博客式家访，或者通过电子邮件、电话、网络上的视频音频工具跟家长沟通，这样更快速有效。一些家长认为，传统的家访都是老师到孩子家里去，如果请孩子和家长一起到老师家里，也是一个不错的选择，那结果可能会更加轻松。

当然，作业家访也是一种方式，比如老师每次批改作业的时候，可以在孩子的本子上写上几个问题，让孩子带回家和父母一起解答。

但话说回来，家访的最终目的是为了更好地教育好孩子，不管采用哪一种方式，我们都应该以尊重孩子为基础，创造轻松、积极、欢乐的家访环境。

我所从事的事业是世界上最有趣的事情，我喜欢每天都去工作。总是会有新的挑战、新的机会和新的东西可学。如果你像这样热爱你的工作，你永远也不会感觉懈怠。——比尔·盖茨

贴心提示：老师家访时，家长该怎么说

老师家访是学校教育的延伸，当老师来到家里时，可以礼节性迎接，笑容满面地说："欢迎老师到来。""欢迎老师光临寒舍。""老师为了孩子，还这么辛苦跑过来家访。"……

接着，家长请老师坐下来交谈，可以这样开头："孩子在老师的教育下，有了不少进步，还得谢谢老师。"这么说，一是表示感激，二是引出话题，并且能融洽沟通气氛。如果家长想了解孩子在学校的表现，可以直接问："这么长时间了，不知道孩子在学校的具体表现怎样？"

如果老师直接数落孩子或批评孩子，比如老师说："您的孩子学习太不用心了，我看没多大希望。"这时候，家长要镇静情绪，以询问的方式说："孩子学习不好，让老师费了不少心思，不知道我们大家一起管教孩子，还有没有补救的机会？"

总之，有效的家访不是争吵，而是愉快的沟通。

如何巧用家长会

参加过家长会的父母可能都知道，家长会是老师与家长交流的良好契机，也是家长了解孩子、与老师拉近距离的最好机会。平日里，家长难得见到老师。如果家长能够利用好家长会，对教育孩子会收到事半功倍的效果。

开家长会是一门艺术。成功的家长会让孩子和家长都感到轻松，是孩子进步的催化剂。我认识一个初中的孩子，她曾跟我聊起家长会的事情。初一的时候，她的班主任告诉她们，说期中考试之后要开家长会。当时，她和其他同学一样心急如焚。可出乎意料的是，家长会那天，老师半句没提孩子们的缺点，不仅表扬孩子们各个方面的优点，而且让孩子们在家长会上表演才艺。她告诉我，这是她上学以来最轻松快乐的家长会，渐渐地她对家长会产生了好感，进而更加信任老师。所以说，成功的家长会使孩子有学习的归属感，是孩子学习的动力。

盼盼是一个刚上初二的孩子，豆蔻年华，活泼好动，学习成绩不太稳定。一次学校组织月考之后，她妈妈被叫到学校开家长会。盼盼觉得非常不安，心一直怦怦地跳个不停，还提心吊胆地猜测：家长会开始了吧？老师会不会告状呢？她既盼望家长会早点结束，又期待她妈妈晚点回家。正当心乱如麻的时候，她妈妈回来了，盼盼的心跳得更加厉害，心想暴风雨马上就要来临了，脑中闪现"男女双打，屁股开花"的镜头，心里很不是滋味。

"老师说你很活泼聪明，还有很多潜力没挖掘出来。"盼盼喜出望外，忙问："那老师没说别的吗？"

盼盼妈补充道："还有啊。你的科学老师说你上课有时候走神，科学成绩得过高分，低分也有，说明你是一个可以塑造的孩子。你的语文老师说你像个男孩子，有很多阅读潜力还处于沉睡中……"

盼盼听了之后，脸上的紧张和忧郁渐渐地消失了，暗自窃喜。看着孩子喜悦的样子，盼盼妈继续说道："你的班主任说你是一个有特殊潜能的孩子，不要把目光盯在现在的分数上，先让自己安下心来，踏踏实实地跟着老师的教学思路走。每次上课时，你可以多向老师提问；课后练习时，要把基础知识掌握扎实。只要你肯用心学习，你身上的潜力就会像喷泉一样滚滚而出。"

盼盼妈的这番话，激起了孩子的信心："妈，那你说我有没有能力考重点高

中啊？"她妈妈早就猜到孩子会这么问："如果够聪明的话，那就努力吧，这答案就在你心里。"给孩子希望，便是给了孩子无限的动力。这让我们想起亚历山大大帝的故事。据说亚历山大在远征波斯之前，把自己所有的地产收入、奴隶和畜群都分赠给他人。当时有位将领迷惑不解地问道："陛下，您把所有的东西分光，把什么留给自己呢？""希望！"亚历山大干脆利落地答道，"我把希望留给自己！它将给我带来无穷的财富！"我想，天生我材必有用，每个孩子的学习也是如此，只要有信心，不放弃希望，就一定会闪光。这类孩子学习主动性强，能主动寻找适合自己的学习方法，最终会迎难而上，成为佼佼者。

后来，盼盼的学习成绩逐渐稳定下来，各科成绩均衡发展。再后来，盼盼参加中考了，成绩出奇的好，被重点中学提前录取。盼盼的成功可能是一个特例，但盼盼妈妈的这种教育方式的确给予孩子许多动力，这是盼盼成功的最主要原因。所以，一个善于利用家长会的家长，肯定会找到一种正确的教育方法。

开完家长会之后，家长又该如何和孩子沟通呢？家长会一般带有总结性的特点，是对孩子某一阶段的学习或表现的总结。家长在家长会结束之后，应立即在脑子里形成一个帮助孩子更好成长的计划，不应马上跟孩子谈学习的事。其实，孩子在忐忑不安中等了好几个小时也挺不容易的，父母要用亲和的态度和孩子交流，让孩子耐心听听家长会的内容。

相反，我们经常遇到这样令人担忧的事实，很多家长会开成了"成绩报告会"、"名次攀比大会"、"告状大会"等。不少家长在参加家长会之后，往往

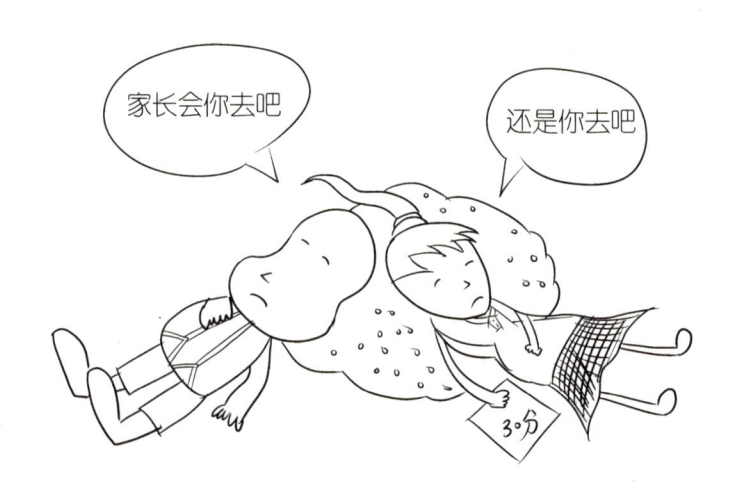

会气急败坏地责骂孩子。事实上，他们对如何教育好孩子还没有找到科学的方法，只会采用粗暴的手段。孩子敢怒不敢言，在表面上顺从家长，但内心却很不服气。孩子的学习成绩一旦被老师如实告知家长，很多孩子都难逃家长的一番"苦心教育"和"皮肉教育"。有些孩子哭了，但这哭泣不仅仅是哭而已，更要命的是孩子可能从此丧失学习的自信心。

因此，父母回家后，要做的第一件事就是向孩子介绍家长会的情况，比如有多少人参加，老师说了些什么，特别是老师表扬了哪些孩子、批评了哪些孩子，这是孩子最为关心的。

另外，家长要谈谈老师对自己孩子的看法。假如自己的孩子受到了表扬，那一定要重点加以突出。假如自己的孩子被老师点名批评，那父母也要沉住气，客观指出孩子有哪些不足。有时候，父母可以适当说些违心的话，即使老师批评了孩子，父母也可以说老师期望孩子更优秀，这能给孩子更大的学习动力。

父母应以鼓励为主，多肯定孩子的努力，并且和孩子一起谈谈学习进步的方法。父母也可以和孩子一起制订一个学习计划，让以后的学习更有条理性。

父母抓住了家长会这个良机，恰当利用起来，对孩子的成长会产生巨大的影响。一个善于利用家长会的家长是一个细心的家长，而一个以家长会名义压制孩子的家长是一个粗鲁、没想法的家长。我想，父母都希望自己的孩子好起来，那就请您好好利用家长会吧。

贴心提示：带孩子一起参加家长会

我注意到现在有些学校开始让孩子一起参加家长会，这是一个不小的进步。综合起来说，有这样几个好处。

◆ 消除孩子对家长会的误解，让孩子不再对父母和老师猜疑。很多孩子总以为大人会在家长会上批评自己，一到家长会便心神不定。

◆ 让孩子感受家长会的气氛。

◆ 增加一些亲子活动环节，便于家长、孩子、老师融洽交流。

◆ 把家长会开成孩子成才报告会，多介绍一些优秀孩子的成长事迹，以此激励孩子。

哪里没有兴趣，哪里就没有记忆。——歌德

快乐组建家长联合会

有时候，孩子和父母都有可能遭遇到老师的不公平待遇，也可能受到严重伤害。在这种情况下，最需要公正有效地处理，维护自身的权利。

最近几年，一些地区逐渐出现了类似于"家长联合会"的民间团体。我所在小城的中小学校就有很多"家长学校"，听说办得还有声有色。

前不久听一个朋友说，她是家长学校的成员。她的孩子刚读小学一年级，学校就组织家长开会，成立"一年级家长委员会"，还做了通信录。当天，学校特地邀请一些家庭教育专家过来讲座。

我好奇地问："你说的这个家长委员会有什么作用吗？"

朋友眉飞色舞地说："作用可大了。有了这个家长委员会，只要学校里发生了跟孩子有关的事情，都有家长们的身影。"

那位朋友跟我聊起一些有趣的事情。有一次，她因为工作比较忙，没时间去学校接孩子。结果，有家长打电话给她，问她是否需要帮忙。有好多次，只要那位朋友有事没时间接孩子，都有家长会把朋友的孩子带回家。当她讲到这里的时候，她开怀大笑地说："说真的，有了这个家长学校，我觉得省心了许多。"

有一次，她的孩子在学校发高烧，自己又在上班，没办法立即赶去学校。那时候，她急忙拿出通信录打电话向家长们求救。经过一番折腾，她终于找到了一位在家的家长。那位在家的家长一听到这个消息，连忙驱车去学校接朋友的孩子。到医院之后，那位家长还十分细心地给朋友的孩子加了一件衣服。幸亏及时将孩子送到医院，挂了一下午的吊瓶，孩子才没事情了。等到朋友赶到医院，那位家长还陪着挂针。看到这一幕，朋友感动得说不出话来。

诚然，在朋友看来，家长学校是一个和睦的大家庭，使他们感到了温暖。现在的孩子大都是独生子女，很多孩子一时找不到合适的玩伴，内心非常孤独。有了这个家长学校后，孩子们有了玩伴，自然会感到快乐。

学校里有什么活动，老师都会向家长委员会通知。重要的是家长委员会还可以参与学校一些重大事情的商议，比如学校收费、食堂饮食、教学进度等，家长们可以派代表参加讨论。朋友给我举了一个简单的例子。一个教毕业班的语文老师上课比较懒散，经常只讲一点内容，然后就让孩子们自修。有时候，一天两节语文课全部都自修，而老师又不在教室里，听说坐在办公室里。老师为什么不上课呢？孩子们感到莫名其妙。结果，有孩子把这件事情跟家长说了。那位家长立即打电话给年级家长委员会主任，要求商议对策。不出三天，这些家长们自发召开了一次会议，将那位老师的情况写成报告材料，转交给校长。

经过一番调查，学校领导才发觉确实存在这样的情况，而且那位语文老师一直表现比较懒散，只是以前没人反映罢了。事后，那位语文老师还主动向家长委员会表达歉意。从那以后，只要校园里出了一些不利于孩子学习和成长的事情，家长们便会利用家长委员会进行维权。

还有一个例子。一位四年级班主任严厉惩罚了一个调皮的孩子。这个调皮的孩子叫小龙，因为好几周都没按时上交作业，还经常破坏课堂纪律。这一次，老师来上课的时候，正好发现小龙在教室里吵闹。老师看了就生气，一把揪住小龙，把他叫到办公室批评教育。到了办公室，小龙不断地向老师解释原因，可老师一直听不进去，还威胁他说："你再这样说谎，你就把你爸妈叫过来。做错了，还这样嘴硬！"

整整一个上午，老师都没有让小龙去教室上课。办公室里的老师很多，但没有一个老师为小龙说情，让他回到教室上课。

临近中午的时候，班主任又过来批评小龙。批评完之后，老师为了惩罚他，居然把小龙关在了办公室。老师走的时候，还这样说了一句："你中午就别想吃饭了，你给我在这里好好反思。"

老师走后，办公室就剩下小龙一个人。因为小龙中午都在学校吃饭，父母也就没过来寻找。一直到了下午上课，办公室来了一位老师，突然发现小龙晕倒在办公室。这下事情可闹大了，小龙班主任立即赶到学校，将小龙送往医院。

小龙到医院之后，一直查不出是什么病因。等小龙醒来之后，老师把小龙带回学校吃了点东西。事后，老师一直没把这件事情告诉家长，是小龙把这件事情告诉了父母。当时，父母还不相信，还批评孩子不听话。直到后来孩子伤心地哭了起来，父母才知道事情的严重性。

那天，小龙妈把这件事告诉了年级家长委员会。最后，家长委员会的主任出面和学校领导交涉，并当面质问了小龙班主任。刚开始的时候，老师不承

阅读的最大理由是想摆脱平庸，平庸是一种被动又功利的谋生态度。读一本书，喜欢一个作者，最根本的理由也许是，你的生命和他的生命有某种同构关系，他正是你精神上的前辈姻亲。——余秋雨

认有这么一件事情，只说到自己批评过小龙，还说到孩子平时很不听话，经常说谎。

这一次沟通，没谈出什么结果，最主要的是没有老师和学生敢站出来作证。孩子是出了事情，但没法找到证据，这让小龙家长很郁闷。正当小龙家长一筹莫展的时候，有好多家长打电话过来安慰，说要查明真相。当晚，家长们自发召开了会议，他们一致认为学校不能包庇老师，老师不应过度惩罚孩子，一定要给家长们一个说法。

当朋友说到这里的时候，我越发好奇，真为这些家长们的勇气而感动。其实，他们的做法不是没有道理，假如小龙的事情得不到公正的处理，那就会出现第二个、第三个……那孩子的正当权益怎么能得到保障呢？

于是，家长们纷纷来到校长室，要求学校公布真相。迫于家长们的压力，学校领导当天就召开了教职工会议，查明了真相，而且要求班主任分别在班里和小龙家赔礼道歉。因为这件事情，家长和学校老师还专门研究制订了防止老师过度惩罚孩子的方案。

其实，在教育法规里也有明确规定，老师无权剥夺孩子上课的权力，因为接受义务教育的孩子，有受教育权，老师的做法是不对的。

听朋友这么一说，我真是大开眼界，为现在家长们的觉醒感到无比欣慰。真希望社会上多一些这样的家长委员会，成为家长和老师沟通的桥梁。但是，现在的很多家长委员会都没有实际效应，形同虚设。我想，假如我们真的要做，那不妨从建议组建家长联合会做起。

家长联合会可以以学区为中心划分，自发组织选举学区总负责人、各个联合会负责人及相关学校负责人，设立教育伤害事故受理室、矛盾调解中心、理赔中心等，并聘请律师担任法律顾问。家长联合会是一个中立性质的协会，目的是受理并调节学生与老师、家长与老师之间的矛盾，维护双方的正当权益。当孩子或家长与老师出现各种不可调和的矛盾或被某一方伤害时，可以直接向家长联合会反映情况，最后由家长联合会出面解决问题。

按照世界教育发展趋势，未来的学校将由社会人士自发组织办学，最初可由家长自发筹集款项，进而发展到社会捐赠办学。家长参与学校教育的比重将大幅度增长，家长联合会的成员可以直接参与遴选校长、学校管理、监督、课程设置或做义工。

我所提的只是一个设想，也许会给大家一点小小的启发。只要大家本着尊重孩子的角度思考问题，可能会有更优秀的设想。

贴心提示：让教育捐赠成为时尚

细细研究一下国外的教育，我们会发现这样一种现象：众多社会人士（有些是校友）都非常热心地参与教育捐赠，将自己的钱、图书、器材等捐赠给学校使用，这是一种真正的社会办学。

教育捐赠在我们国家才刚刚兴起，会有更大的发展空间。从某种意义上说，学校是社会公益性单位，其实质是输出知识和技能，造就的是人才和无形的社会财富，但终究不能以收取钱财为目的。在这个意义上说，教育捐赠是十分必要的。

作为社会人士，特别是家长和受教育者都可以为身边的学校捐赠点什么，用自己的微薄之力支持教育事业。

大胆的见解就好比下棋时移动一个棋子，它可能被吃掉，但它却是胜局的起点。——歌德

别让老师的关照成为溺爱

我在上学的时候,因为自己的学习成绩一直很好,几乎每一个任课老师都喜欢在课堂上叫我发言。和我有相同待遇的还有几个班干部和上课特别活跃的同学,而成绩一般、不吵不闹的孩子则往往被忽视。

或许每个老师都有这样的经历,当开朗活跃的孩子回答了问题之后,老师也会点名让一些安静的孩子站起来回答,可情况总是非常不妙,那些安静的孩子偏偏不愿意开口,或者他们真的还没想好问题的答案,愣愣地站在座位上,整个活跃的课堂一下子寂静下来,难免让老师觉得尴尬。一次两次倒还好,如果多次这样,老师可能也会失去耐心,不再关注那些安静的孩子。

人容易受到"光环效应"的影响,老师对孩子的看法也一样。光环效应又叫"光圈效应"、"晕轮效应"、"以点概面效应"等,是美国著名心理学家凯利(H. Kelly)提出的。光环效应是指一个人的某种精神、品质、成就或物品的某种特性留给人非常好的印象,就像月晕的光环一样,向周围弥漫、扩散,使人们爱屋及乌。举个最简单的例子,很多人都有过追星的经历,把明星当作自己的偶像,凡是自己喜欢的明星拍的电影、电视或是广告,都会非常乐意看,甚至还专门买些明星代言的商品。

一旦人们对某个人或物品产生了光环效应,再怎么不好,人们也不会拒绝。比如一个作家出了名,即使以前写的蹩脚作品也不愁发表。说到老师,几乎所有老师都比较喜欢成绩优秀的孩子,因为他们的成绩令老师感到高兴;老师喜欢班干部,因为他们是班级里的精英。

也许很多家长都在琢磨着如何让老师关照孩子,欢欢妈就是其中一个,而且她的做法很值得大家探讨。

欢欢上小学一年级的时候,都是父母送她去上学,老师总说欢欢很懂事听话,可欢欢妈非常想知道:孩子在学校到底怎么样呢?能否适应小学学习生活呢?孩子有要好的朋友吗?孩子的学习能跟得上吗?……一连串的问号在欢欢妈脑里打转。

有一天,欢欢妈想起了孩子的一个家庭作业,是制作野外摄影集。孩子也曾在她面前提起过这件事情,欢欢妈灵机一动,为什么不趁此机会让孩子好好表现,也让其他同学刮目相看,引起老师的关注?于是,欢欢妈准备周末带孩子去乡下摄影。

花了整整一天时间，欢欢的摄影集总算完成了，欢欢父母和孩子开心地笑了。周一放学后，欢欢妈像往常一样在学校门口等着孩子。只见孩子急匆匆地跑过来，挥舞着手，大声嚷着："妈，老师表扬了我！"欢欢妈连忙问："什么事让老师表扬了？"

"那本摄影集呀！老师说我做得最精美了，还奖励我一支画笔和一个笔记本。"欢欢说着，忙掏出奖品，只见笔记本的扉页上写着老师的话："欢欢小朋友是一个非常细心、热爱大自然的孩子，你的摄影集让全班同学大开眼界，希望再接再厉，以后有更出色的表现。"欢欢妈看到老师写给孩子的祝语，心里特别高兴，想想自己也没枉费心机。

让老师关注孩子的做法还很多，重要的是让孩子能够融入班集体，积极参加班级的活动。父母要帮助孩子树立自信心，使孩子勇敢地面对学习上的各种挑战。

需要指出的是，老师特别关注孩子，也不是一件好事情。有些时候，老师和家长在教育孩子方面都有一定的盲目性。

我认识一个叫小宇的男孩子，刚上小学五年级，人很聪明，是一个人见人爱的孩子，不仅是父母的骄傲，也是老师眼中的优秀孩子。孩子成了老师的重点培养对象，凡是有什么比赛之类，老师都会让他参加。某一学期，省里有一个青少年书法比赛，老师给他报了名。小宇经过几个月的魔鬼训练，终于在省比赛中得了二等奖。

本来，孩子被老师重视是一件好事情，很多家长还巴不得老师关注孩子呢。但小宇妈却为此忧心忡忡，一想到孩子整天为比赛忙东忙西，她就心疼。事情是这样的，老师考虑到小宇是一个非常优秀的孩子，又给小宇报了全国绘画比赛，让小宇去参加油画组比赛，可小宇对画画没有兴趣，一听说这个消息，他郁闷了好几天，但又不好意思拒绝老师。小宇曾向老师推荐一个同学参加，可立刻被老师否定了，老师还对他说："你看上次书法比赛，你不是才学了三个月时间，就得了省二等奖，这可是我们学校办学以来取得的最好成绩，我相信你肯定能行。"

听了老师这番话，小宇默默地点了点头，回家准备他的比赛内容。可是，小宇不喜欢画画，没心思去学，又担心自己得不了大奖。虽然之前得了很多大

平庸的老师只是叙述，好的老师讲解，优异的老师示范，伟大的老师启发。
——威廉·亚瑟·瓦尔德

奖，但他对比赛越来越感到厌烦和恐惧。

小宇妈发现孩子的饭量在一天天减少，似乎有说不出的郁闷，但为了使孩子顺利参加比赛，还用老师的口吻鼓励孩子好好学画。

眼看着比赛时间越来越近，小宇更加紧张起来，有好几个晚上还说梦话，说不想参加比赛，小宇妈听了就心疼。在比赛前几天，小宇请假去学画，还因为比赛失眠了好几个晚上。

小宇终于参加了比赛，可这一次，他什么奖项都没拿到，这让老师和父母非常失望，他妈妈还闷闷不乐地说了一句"白费心思"。事情的严重性还在后头，小宇因为比赛失利，变得沉默寡言，每天去学校总感觉有一种无形的压力，最怕见到老师和同学，怕在他们面前抬不起头。

不但如此，小宇还对学习失去了信心，怕在听课的时候和老师目光接触，他开始上课走神，不想听的时候，就看看其他书，学习成绩退步了不少，这些打击让小宇变得更加忧郁，不想说话。

生活中像小宇的孩子还有很多，像他那样的遭遇也有不少。实际上，这已经是一个悲剧了。老师对孩子的特别关注，虽是好事情，但却给孩子增加了压力，当老师的关注程度超出了孩子的承受能力时，反而不利于孩子的成长。

老师和家长好像都在培养孩子，为孩子铺设成长之路，却在无意中伤害了孩子。所以，那些被老师特别关注的孩子，虽然成绩优秀，但心理素质却不是很好。大多数孩子都比较脆弱、经不起打击、容易走极端、孤僻，一旦遭遇失败，他们往往不大愿意接受那样的事实，自暴自弃者居多。社会上的高考状元便是典型的例子。那些成绩特别优秀的孩子成了某省市的高考状元，但他们进入大学之后，并不见得十分优秀，有不少状元还在大学里挂科，有个别状元还因为学习、兴趣、网瘾等问题被学校退学或自动退学。我国恢复高考30多年来，那些高考状元几乎没有一个成为做学问、经商、从政等方面的顶尖人才，这不得不发人深省。

有时候，老师对孩子的关注可能转变为一种意想不到的伤害。我大哥是一个高中老师。有一年，他碰到一个十分懒散的孩子，冬天不愿早起，几乎天天迟到。他家就住在学校附近，我大哥为了不让一个孩子掉队，决定自己辛苦一点，每天天还没亮，就跑到他家催孩子起床。可那孩子不但不领情，还对老师说："老师，你就别逼我了，你这样天天催我起床，到底累不累啊，谁要你这么好心？"正当我大哥百思不得其解的时候，班里有学生告诉了他事情的原委："老师，你这样天天跑到他家催他起床，你让他在同学面前怎么抬得起头？"有时候，当这种关注演变为一种溺爱或爱情时，更是背离正常的师生伦理关系。比如一个男老师特别关注女孩子，一个女老师特别关注男孩子，还有可能发生超越正常伦理关系的事情，影响孩子成长。

因此，孩子被老师特别关注也是一把双刃剑，需要正确看待这个问题。平时，家长不能等老师打电话过来才和老师沟通，最好主动联系老师，把孩子在家的情况告诉老师，这样使老师既关注孩子，又有针对性地教育孩子。如果家长发现自己的孩子得到老师的特别关注，首先要做的是感谢老师，感谢老师对孩子的关注，这是礼貌问题。可如果老师的重视给孩子带来了心理压力，或给孩子造成了伤害，那是大家都不乐见的事情。

贴心提示：怎样让老师关照孩子

如果父母想让老师关照一下孩子，也要把握好分寸。家长不刻意让老师关照孩子，让老师自然而然地关照孩子。家长在和老师沟通时，可以多说一些孩子的突出表现，引起老师的注意。家长也应及时告诉老师孩子的缺点或疾病，引起老师关照。

有时候，家长很想让老师关照一下孩子，但又担心说不好，或是怕说了也没多大作用。这时候，家长就应迈出敢说的一步，思考如何和老师对话。

合作型：如果孩子成绩不好，那可以这样和老师说："我家孩子学习成绩一直不是很好，我们急死了，可就是不知道孩子的成绩为什么上不去。我想和老师一起督促一下孩子。"

请教型：如果孩子胆小，上课一言不发，家长可以这样跟老师说："我家孩子从小就怕生，不知道老师有没有什么方法让孩子能够上课积极发言？怕是要给老师添麻烦了。"

求助型：如果孩子爱吵架，行为不好，那家长也可以这样和老师说："孩子行为不好，给老师带来很多麻烦，我们的心里很过意不去。但孩子这么小，我们又不忍心眼睁睁看着他变坏，所以想请老师帮忙管教一下。"

一定要给老师送礼吗

有家长对我说，现在最怕过节了，一过节就要烧钱，最头疼的是教师节，不知道该给老师送什么礼物。在我们国家，学生给老师送礼是个敏感的问题，不过在20世纪90年代，学生送的是卡片、感谢信，而如今学生送的则是购物卡、衣服、化妆品等，有的甚至价值上万元。教师节送礼的攀比之风非常严重，使很多经济条件一般的家庭难以承受。

2009年9月，《长江日报》调查显示，78.95%的受访市民称会在教师节送礼或致以问候，20.24%的受访人担心"不送礼，老师对学生不太重视"，11.34%的受访人觉得"大家都在送，自己不送难为情"，2.83%的受访人则表示"老师有送礼的暗示，不送不行"。但是，我们应该搞清楚这样一个问题：父母为什么要给老师送礼呢？

1. 出于感恩。

老师为孩子的学习和学校生活付出了许多心血，给老师送礼是为了感谢老师的恩情。这是一种比较朴素的想法，也是人之常情。比如说，孩子由于成绩不好，老师经常把孩子留下来，给孩子免费辅导，父母知道后，给老师送些答谢礼物。有一次，我去一位同事办公室，发现他的办公桌旁边放着半蛇皮袋土豆，我问他怎么来的，他说是学生父亲送的，感谢他对孩子的教育。我后来才知道，那位父亲的孩子在同事的引导下，成了一个爱学习的孩子，这让孩子父母都非常高兴。

这种出于感恩的送礼，也是人情浓厚的体现。我也收到过这样的礼物，有一个小女孩因为数学成绩不好，让我给她补课。结果，她的数学成绩提高了不少，孩子父母让她给我送了两次鸭蛋表示感谢，我则一直把这件事情记在心里，就生怕自己做得还不够好。

2. 有所求。

父母爱子心切，希望得到老师的特别关照。现在的家庭大都是独生子女，谁都不愿意自己的孩子输在起跑线上，这种急功近利的想法使得他们不惜用金钱和物品拉拢老师。不少父母从幼儿园开始就为子女选班级、选老师、选座位、选同桌，而在此过程中，送礼是必不可少的。在择校风、择班风、择师风愈演愈烈的背景下，家长为使孩子得到老师更多的青睐，请客送礼，谄媚老师，就不足为怪了。

我们常听说这样一句话：饭桌上好说话。现在社会上很多事情办成功都是在饭桌上，离开了饭桌，似乎就很难办好。家长请老师吃饭，也很可能出于这么一种想法。我在学校工作的时候，也遇到过这种情况。有一个住校学生，因为离家很远，很少回家。孩子父亲为了让老师关照孩子，开学后特地到学校请孩子班级里的老师吃饭，我也是其中一个。那时，孩子父亲请我们去了当地的一家五星级酒店吃饭。在饭桌上，他跟我们聊得最多的是希望老师多多关照孩子，让孩子考上大学。他还说到，只要孩子成绩能好，不管老师需要什么都可以向他提。还有孩子的求情行为，比如给老师的手机卡充值，答谢老师让孩子补考通过，甚至还有孩子直接在补考卷上夹100元请老师改卷留情。遇到大型考试，有些家长为了让老师帮助孩子作弊，在考试前夕，请老师吃饭，并送上厚重的大礼。

3. 被迫送礼。

目前，社会上送礼成风，父母给老师送礼也带有明显的攀比风气。有位家长曾跟我说起过一件事，她的孩子妙妙刚上小学三年级，听说孩子班级里的家长平时都给老师送礼。这位家长现在处于送不送、送多少的矛盾中：不送礼，怕老师不重视孩子；送的礼物太少，又怕显得寒酸，起不到什么作用。

我们还注意到，有些老师为了牟取私利，对父母请客送礼习以为常，来者不拒，还会给各种提示，比如教师节来临之际，有些老师会在班级里放话："快到教师节了，想不想给老师表示一下？"当家长遇到这种情况，实在是非常为难，真不知道送多少礼物才合适。所以，这种被逼送礼最令人头疼了。

还有些老师利用结婚、住新房、过生日等向家长发出邀请，很多家长都觉得很无奈，去了肯定要送礼，不去又担心老师对孩子另眼相看。

在上述三种情况中，很多家长比较认可第二种情形，也是最普遍的一种情况。他们非常熟悉人际关系学，投其所好，连送礼都送到了点子上。我认识一个在读初中的孩子，他父亲是一家企业的老总，给孩子选了当地最好的幼儿园，上了最好的小学，送进了最好的初中，可孩子的学习却不是很好。为了让老师多照顾他的孩子，孩子爸用自己的钱给学校的每个教室都安装上了空调。不仅如此，孩子爸还请孩子班级里的所有老师到香港旅游购物，这可不是一笔小数目的投资。但在他看来，只要能让他的孩子学习好起来，花

伟大的领导绝不以言废人，伟大的老师绝不否定学生。 ——刘墉

再多的钱都值得。

我也是一个老师,或许有一定的发言权。说实话,**家长没必要给老师送那么多贵重的礼物,即便是小礼物也大不应该**。其实,很多老师也为孩子父母送礼而感到烦恼。有老师说:"收了,欠家长一份人情,不知怎么还;不收,怕家长觉得我对他们小孩有意见。"也有老师说:"我们最怕收了人家的礼物,教不好学生,有一些孩子真不愿意学习,即使家长送了大量礼物,我们也无能为力,这岂不是一种负担?"

如果孩子的学习成绩或行为不是很好,即使家长送很多礼物,恐怕也难以使老师真正关照起孩子。这其中的原因就在于,现在的教育是以应试教育为主,老师关注的是学生的成绩,如果孩子的学习成绩真的不是很好,那就很难引起老师的注意。即使老师关注一时,也不会长时间地重视下去,因为这要花费大量的时间和精力。

另外,**家长给老师送礼,尤其是贵重的礼物,会异化师生关系,玷污孩子纯洁的心灵**。国家教育部门一直倡导老师要有良好的师德,为人师表,老师也在课堂上批评请客送礼这种不良风气,可有些老师最终还是接受了家长的礼物,这使原本淳朴的师生关系演变为礼物关系或金钱关系。家长的送礼行为还会对孩子产生潜移默化的影响,让孩子从小就觉得:只有送礼才能办

又到教师节了,送礼的家长越来越多,貌似成了"送礼节"。

好事情。

在我国，尊师重教古已有之。孩子受教于老师，受到老师的指点和培养，怀有感恩之情是应该的。每年暑假的时候，适逢中高考结束，家长纷纷大摆谢师宴，谢师宴开始向低龄化、功利性和攀比化发展。

实际上，老师需要的不是豪华的筵席，也不是贵重的礼物，而是家长对老师工作的理解和支持，对老师人格的尊重，以及对老师所付出劳动的一种感激，仅此而已。作为老师，我真心希望家长们能够理解和尊重老师，不要以送礼的行为玷污教师这种高尚的职业。**送礼并不能解决孩子的问题，反而给自己带来不必要的经济负担。**

我想，明智的家长都应该觉醒起来，联合抵制送礼这一风气。有句古话，叫"千里送鹅毛，礼轻情意重"。我曾在《读者》杂志上读到一篇文章《就是不一样》，是一个在澳洲留学的中国学生写的。故事发生在圣诞节前夕，留学生想为自己的老师吉妮送一份礼物，并从网上选定了一条中国丝绸围巾，直接邮寄到吉妮的家里。可是，圣诞节过后，当地廉政公署的车突然停在了校门口，警察带走了吉妮老师。因为澳大利亚政府有规定，为了防止学生受到不公平待遇，教师接受学生的礼物不能超过5澳元，并且应该回赠相应价值的礼品。吉妮不仅接受了相当于50澳元的中国围巾，而且没有给学生任何回赠。最后，老师给学生付了50澳元，才算解决了此事。这看起来是一件小事，但却是非常公正的做法，或许值得我们学习。

贴心提示：教师节送礼贵在诚意

教师节是老师的特殊节日，如果家长一定要送礼，那么一定要表现出诚意。

◆ 送感谢，感谢老师对孩子的辛苦教育，可以用短信、电话问候、书信等形式向老师表达。

◆ 送理解和尊重，多从老师的角度看问题，理解老师的付出，支持老师的工作，因为家长的理解和支持是老师工作的不竭动力。老师兢兢业业、孜孜不倦的精神，值得孩子和父母尊重，可以给老师送一些文竹、百合花、茉莉花、仙人掌等，让绿意充满老师的房间。

◆ 送一些纪念品。孩子即将毕业或者已经毕业时，可以给老师送上一些有纪念意义的小礼物，比如发卡、胸针、书籍等，还可以把老师和同学的形象设计成漫画，附上签名，做成个性T恤送给老师。

◆ 要注意节制，不必为送礼而铺张浪费。

蔡元培认为，教育需要宽容，需要"兼容并包"。每个国家或地区都有独特的教育思想，都有可取之处。教育者只有怀着一颗年轻的心，善于发现和吸收世界上先进的教育思想，才能使我们的教育日新月异。

第七章
他山之石，可以攻玉

中西教育合璧的典范

每个家长都是上帝

把孩子培养成绅士

芬兰教育奇迹的密码

像犹太人那样培养天才

给孩子完整的成长

小测试：你会和老师快乐沟通吗

中西教育合璧的典范

中国台湾著名歌手周杰伦已成为一个文化符号,他风靡大陆多时,给人印象最深的是他所演唱的《青花瓷》、《菊花台》、《发如雪》、《千里之外》等优美动听的歌曲,掀起了一股"中国风"。可我们不能忘记,周杰伦背后的幕后工作者——方文山先生,他是周杰伦的"御用词人"。周杰伦在大陆出名之后,方文山在接受记者采访时说:"我很喜欢传统文化的成分,都会从那边去撷取一些创作的素材。"可见,是传统文化让方文山找到了创作的灵感,也是传统文化让周杰伦的歌唱充满了磁力。

相对香港而言,我更倾向于台湾,对台湾的文化一直保持敬畏之心。去过台湾的人可能都会发出这样的惊叹:台湾是中国传统文化保存最好的地方。

的确如此。我们且不说台湾人一直在使用传统汉字——繁体字,就连台湾学生所用的课本都带有古色古香的传统味道。如果你走在台湾大街上,大多数台湾人温文尔雅,行人之处不会出现大声喧哗的现象。即使到深夜,路上的车子也极少,规矩的台湾人依然会等着绿灯,不会因为车少而侥幸闯红灯。

2011年5月,《每日商报》报道了这样一则新闻——《台湾教育和祖国大陆教育有啥不一样?》。有一对台湾夫妇带孩子小原(化名)到杭州探亲,杭州亲戚被小原的懂事深深折服,记者这样写道:

> 与记者相熟的杭州亲戚说,小原很有礼貌,坐有坐相,站有站相,说话、举止都很得体,这不仅仅得益于家庭教育的引导,学校在礼仪方面的培训也是很到位的。在台湾,很多孩子生活和学习都蛮朴素的。像小原,这个即将上大一的孩子,笔记本电脑已经五年没有更新过了,以至于在杭州看到亲戚用最先进的平板电脑,羡慕得直吞口水。

"当然不是用不起,台湾的生活水平可能比杭州还要高一些。只是我们在教育孩子的时候,常常有意忽略一些物质追求上的东西,很多成人间的谈话,也是避开孩子的,所以在孩提时代,他们对物质的渴求没有那么强烈。"小原妈妈说,这不是教育的一种保守主义,他们更希望小原在孩童时代能找到自己的兴趣点。比如,小原喜欢冲浪运动,这项"烧钱"的极限运动就得到了父母的支持。

以前,我们常在电视剧或新闻中看到台湾学生很"潮",其实并非如此,这是一种认识偏差。很多考察过台湾教育的人都发现，台湾教育的成功乃至社会的和谐离不开传统文化的作用。

台湾人非常重视家庭教育，他们已经形成这样的共识：国是家的集合体，家是国的基本单位。早在2003年，台湾地区就颁布了"家庭教育规定"，将家庭教育定义为"具有增进家人关系与家庭功能之各种教育活动"，"为健全个人身心发展，营造幸福家庭，建立祥和社会，所以进行各种教育活动以增进个人家庭生活所需之知识、态度与能力"。家庭教育涉及的范围很广，包括亲职教育、子职教育、两性教育、婚姻教育、伦理教育、家庭资源管理教育以及其他家庭教育事项，父母教育孩子成了义不容辞的责任。

不仅如此，全台湾设立了专门的家庭教育服务与管理机构，即"家庭教育中心"，有一套完善的管理制度和稳定的经费来源。"家庭教育中心"的全部经费明确规定由政府财政承担，此外还有企业、民间团体、社教机构、慈善机构、基金会等赞助或捐赠，这使得家庭教育费用较为充裕。其工作人员都必须经过严格的专业训练，工作高效精干。在"家庭教育中心"周围还活跃着一大批志愿服务者，他们深入到山地少数民族聚集区的每一个家庭。**相比之下，大陆的家庭教育机构尚处于起步阶段，已经远远落后于台湾地区。**

家庭教育中很多方面（特别是"伦理教育"）都依赖于中国传统文化资源。孩子上学之前，台湾父母会有意识地教孩子背诵一些浅显的古诗文，会给孩子讲中国的童话和寓言故事。在台湾，许多出版机构都非常重视传统文化的挖掘，比如汉声杂志社广泛采集中国不同地区的民间故事，花了多年时间才编写出《中国童话》一书。无独有偶，远流出版社编写了《绘本童话中国》，还在国际书展上获得许多大奖。良好的教育氛围，为整个台湾的家庭教育提供了得天独厚的条件，这也是大陆所不能比拟的。

台湾社会有一些读经班，其学员大都是未成年人，有不少孩子是低年级的小朋友。台湾父母会主动将孩子送往读经班，他们还会主动联系老师创办读经班，因为他们认为在家学习还不如在学堂学得多。比如，有一个台湾家长非常想让自己的孩子跟有经验的老师学国学，可学员不够，于是家长就主动为老师招揽学员。孩子们在老师的指导下，有计划地学习和背诵国学经典，比如《诗经》、《论语》、《孟子》、《大学》、《中庸》、《老子》等典籍。虽然孩子们不会完全理解其中的内容，但通过诵读可以印刻在孩子们的心里，长大后内化为一种

早期教育应是一种娱乐，这样才更容易发现一个人天生的爱好。　　——柏拉图

气质或精神。

台湾人非常注重道德教育。1949年，国民党退居台湾，将语文教育作为稳固人心的重要方式，初等学校把"爱国、守法、孝顺、信实、礼节、合作、勤俭、整洁"作为民族精神教育准则，中等学校则以"忠勇、孝顺、仁爱、信义、廉耻、礼节、勤俭、合作"作为训导的准则，几乎所有学校都印有"忠孝仁爱信义和平"的标语，这都是为了让台湾人"体认中华民族文化"。台湾的中小学教育一直遵循"有教无类"的古训，以培养"德、智、体、群、美"均衡发展为宗旨。这与我们学校提倡"德、智、体、美、劳"类似，只不过台湾学生之间的和睦相处与合作体现在"群"里，也并非不提倡"劳"。台湾小学有一门功课叫《生活与伦理》，重点加强对孩子的"社交礼仪、生活起居、孝亲尊长、善友乐群"等方面的教育，校园里的卫生保洁也全由师生共同完成。学生从小学二年级开始就要学习用毛笔写作文，至少一周一篇。从中学开始，文言文比重大量增加。学生到了高中，要学习三套教材：《高中语文》、《中国文化基本教材》、《国学概要》。早在2008年的时候，大陆的有志之士引进出版了台湾的《国学基本教材》，在大陆引起了轰动，可见台湾"国学教育"的魅力所在。

有意思的是，台湾也是"中小学九年一贯制"，台湾的中小学都进行双语教学，将英语作为第二语言，可这并没有削弱语文教育。2010年11月，台湾《联合报》上刊发署名为王正方的文章——《勿赶时髦　语文教育是教学重中之重》。文章指出："必须以语文为最根本最重要的教学重点，先学好中文再论其他。赶时髦，启蒙阶段教英语，台湾一无英语环境，更缺乏合格师资，徒增孩子们的负担和烦恼。出发点或是想让孩子们具备双语能力，结果他们学会了两种语文：洋泾浜、火星文。"这一呼声引起了岛内对语文教育的高度关注。相比之下，大陆的教育改革常常处于被动状态，很少有人遵循教育本质，用真心和热情从事教育。

经过几十年的努力，台湾的传统文化教育有了显著的成绩。马英九曾多次在公开场合谈到台湾的"核心价值"，即"正直、诚信、勤奋、朴实、包容；这些观念，构成了我们台湾人非常基本的核心价值"。其实，这来自于中国传统文化中的"仁、义、礼、智、信、忠、孝、廉、勤"，而台湾人恰好将这些传统文化资源转化为"核心价值"，这都是传统文化教育的结果。

台湾人在进行传统文化教育的同时，引进了西方先进的教育理念和管理方式，即教育现代化。台湾家长参与学校教育的程度非常高，已经接近于欧美地区。1996年，台湾"教育基本规定"第八条就明确规定："在民众教育阶段内，家长有参与子女学校教育事务的权利。"在台湾，所有学校都成立"学生家长会"，下设"班级家长会"，鼓励家长参与学校各项活动，关心资助学校的发展。这个"学生家长会"的权力很大，家长不仅直接参与台湾教育规定的制定，还拥有投票、表决等权利。家长有权参加学校课程发展委员会的工作，参与评议学校课程。家长会可以派家长代表参加学校校务会议，共同参与学校管理。家长还有权参加评审委员会的工作，甚至有权遴选学校校长。在大学里，家长会经常组织各类学生活动。如果有教师工作不称职，家长会可直接要求校方"炒"老师。

相反，**大陆的家长则一直处于弱势地位。虽然我们大陆也有家长会，但这只是一种"会议"，不是组织，而且我们的家长会没有相关法律依据，更没有规章制度，像一盘散沙，也就不能很好地发挥家长的作用。**

正因为如此，台湾的家长和老师是一种和谐的伙伴关系。台湾家长和学校的关系非常亲密，家长委员会依学校工作需要设教育组、活动组、咨询组、公关组、总务组、联络组、义工组等，许多家长经常利用休息时间到学校当义工，并捐款捐物等。有不少爱心妈妈主动来到学校，在早读的时候给孩子们讲故事，帮助单亲家庭的孩子以及困难学生补习功课，数年不懈。放学时，也有家长亲自来到路口，负责护送孩子安全过马路。只要学校有社团活动，都会出现家长们的身影，有时他们忙得大汗淋漓，有时他们看到自己所做的工作，便发出会心一笑。

在台湾，教师是一个令人羡慕的职业，但工作很辛苦。一般来说，每所学校实行全天坐班制，小学教师每周22节课、中学教师每周16节课为满工作量。教师每天一般是早上七点进校，中午在校吃饭，很晚才能离校。在中午休息的时候，教师与学生进行交流、沟通，免费帮助学生辅优补差，还承担开展音、体、美和各种兴趣小组活动。

在台湾，教师对学生的管理非常人性化，已经实现"零体罚"。台湾地区对此有明确规定：学生之学习权、受教育权、身体自主权及人格发展权，应予保障，并使学生不受任何体罚，造成身心之侵害。一旦学生遭受上述侵害，政

温顺的青年人在图书馆里长大，他们相信他们的责任是应当接受西塞罗、洛克、培根的意见；他们忘了西塞罗、洛克与培根写这些书的时候，也不过是图书馆里的青年人。——爱默生

府应依规定提供当事人或其法定代理人有效及公平救济之管道，若发生体罚事件，当事人可直接向教育相关部门的专线投诉。当然，如果遇到体罚现象，家长会也有权投诉相关老师。

从某种程度上说，台湾教育已经走在了大陆的前面，有许多值得我们学习的地方。可以毫不夸张地说，台湾教育是中西教育合璧的典范。

贴心提示：家长该怎样对孩子进行传统文化教育

作为家长总希望自己的孩子能够温文尔雅，成为有教养的人，而受到传统文化熏陶的孩子也格外有才艺灵气。

◆ 家长要重视传统文化经典教育。家长可以让孩子背诵一些《三字经》、《百家姓》、《千字文》、《千家诗》、《唐诗三百首》、《论语》、《孟子》、《大学》、《中庸》等。只要求孩子背诵，不必进行解释。古话说得好，"书读百遍，其义自见"。

◆ 家长还可以给孩子讲一些国学故事，从小培养孩子的历史兴趣，对上下五千年文化有个感性认识。

◆ 教孩子一些待人接物的礼貌礼节。家长结合现代人的伦理规范，教孩子如何与人打招呼、如何迎接客人、如何告别、如何与长辈相处等。有条件的家庭，可以带孩子参加一些祭祀活动，培养孩子对祖先、天地等的感恩之心。

◆ 可以陪孩子观看一些经典的古装电视剧，帮助孩子了解古人的生活情况。传统文化教育任重道远，需要家长耐心施教。当然，传统文化固然好，但最好用现代人的眼光，取其精华，去其糟粕。

第七章　他山之石，可以攻玉

🌸 每个家长都是上帝

几年前，一本由美国著名教师弗兰克·迈考特写的《教书匠》吸引了我，全书回忆了弗兰克·迈考特先生30年的从教生涯。他在刚进入学校工作时，由于缺乏教育经验，在课堂上丑态百出，结果遭到了家长们的投诉，作者如实写道：

> 好了，看看，先是三明治，现在又是绵羊。该死的电话又响了。家长们都在抗议，我得找个地方躲起来。我到这儿才两天，两天都麻烦不断。

读到这段文字，我们不仅为弗兰克·迈考特先生捏了把汗，而且深感到美国家长不是一般的厉害。我们可以从中获取这样的信息：美国家长在时刻监督老师的工作。很显然，弗兰克·迈考特遭到投诉的原因就是在课堂上出现不恰当的言行，有家长把他说了句"该死的"粗话都当作投诉理由，同时也从侧面反映出美国家长和孩子之间的交流畅通无阻，他们极有可能从孩子口中获取老师的工作情况。

熟悉美国教育的读者可能知道，家长投诉老师是司空见惯的事情。现代学校教育兴起于欧美国家，至少有上百年的历史。**很多国外教育专家认为，教育是一个相当复杂而庞大的工程，牵涉到老师、家长、孩子和社会，而这些都自然地联系在一起。**实践证明，教育不再是一个孤立的系统，现代教育需要家长和社会共同参与，而怎样恰当地和老师沟通则成了解决问题的关键，这是国外家长爱投诉老师的一个重要原因。

据《中国青年报》报道，2009年9月8日是美国大多数中小学校的开学日，美国总统奥巴马前往阿灵顿县的韦克菲尔德高中发表开学演说，迎接他的不是列队欢迎的学生，而是一群抗议的家长，其中一位家长手举这样的条幅："奥巴马，离开我们的孩子。"许多家长纷纷打电话到学校，要求学校不得转播奥巴马的演讲。家长们担心政治人物会向孩子们"洗脑"，发表带有政治色彩的演说，毒害孩子们的心灵，将孩子们的健康思想引向罪恶的深渊。

面对家长们的投诉，学校不得不听取他们的意见。因为在美国，家长的权力非常大，可以直接干预学校教育。方帆在美国加州林肯高中执教多年，他将自己在美国当教师的经历写成了《我在美国教中学》一书，非常详细地探讨了中美教育的差异，比如他说：

> 开始学习要有决心；碰到困难要有信心；研究问题要专心；反复学习要耐心；向别人学习要虚心。——爱迪生

反正，给我的印象就是，美国的很多家长，在老师要求配合教育孩子的时候，他们是站在孩子一边的，认为错的是老师。

来自中国的老师，对这样的家长相当不习惯。在国内，教育目标、课程、课本、教师、学校管理……全不是家长可以决定的。家长的责任就是送孩子上学。学校跟家长的联系，基本上就是通报学生的成绩，或者要求家长配合管理学生的纪律问题。因此，学校有绝对的权威，家长能做的，就是要求孩子尽量满足学校的要求，老师对孩子的投诉永远是正确的，不管孩子有没有错，都必须先根据老师的意见，叱责了孩子再说。

然而，在美国却不是这样的。跟中国不同，美国的公立教育一个最大的特点就是家长的高度参与。所有的公立学校，是由当地的"校区"管理，而管理校区的最高权力机构是校董会，校董会却是由当地全体公民通过投票，直选产生的。换句话来说，就是家长有权选择谁来管理当地的公立教育。

可见，美国的教育基本上独立于政府之外，是由社会力量掌控，这也就决定了美国家长拥有至高无上的权力，连校董会、教育局长都是家长的"公仆"。在美国，家长和老师之间有许多沟通平台，比如"家长教师联合会"、"校务委员会"、"英语学习者咨询委员会"等，而发挥作用比较大的便是"家长教师联合会"。

"家长教师联合会"成立于1897年，由家长、老师、学生和热心于学校和社区事务的社会人员共同组成，属于非盈利性社会组织，各级联合会均有完善的法规体系，在美国社会中起到很多作用，比如确保儿童的教育、健康、安全和幸福免受危险。"家长教师联合会"又是家长和老师沟通的重要桥梁，使家长与学校、幼儿园取得联系和合作。

在美国，学校会主动和家长沟通，有比较完善的沟通管理制度，最常见的沟通有学校参观日、主动约谈、电话联络、家长讨论会、家访、便条留言、班级通讯等。学校还特地设计了公告牌、家长角和家长休息室。据说，美国一些学校规定，家长要在孩子开学时走访老师，要求家长及时了解孩子一学期的课程、任课老师的特点，还要求家长和老师默契配合，帮助孩子快乐成长。

每年9月，美国中小学校陆续开学，老师们会非常慎重地给学生家长写封"引荐信",将学校的情况、老师的教学设想、课程安排等告诉家长。这样做的目的是让学生自由选择课程,让家长为新学期的教学提出意见。有些学校还主动和家长签订教育责任书,明确各自的责任、权利和义务。这是一种主动的沟通方式,也为家长和老师之间的沟通奠定良好的基础。

美国中小学校都十分重视"学校开放日",一般安排在每学年开始的第一个月的周五晚上。每到这一天,校园都是人满为患,学校将日程表发给每一个家长,而家长则匆匆跑到指定的教室听老师上课和交流。家长最大的收获是亲眼看到了孩子在学校的表现,也能和老师进行实质性的交流。

尽管老师将家长视为上帝,但老师与家长之间的关系却十分融洽。美国家长都比较热心和体谅老师的工作,他们常常主动申请到学校当义工,协助老师做一些力所能及的事情,比如为学校的活动做准备工作、协助学校各类演说、帮助孩子完成一些常规作业……家长还会帮助学校改善办学条件,利用自己的专长或经济实力,捐赠教学器材和图书,设立奖学金,举办各类讲座,以义演、义卖等方式为学校筹集资金等,家长和老师宛如一家人。

对照一下中美教育的差异,我们不难发现美国教育远比中国教育自由、开放和民主,而正是这样的教育背景,造就了许多敢于挑战权威的人才。著名物理学家杨振宁说:"对小孩是着重启发,还是着重灌输,这是社会的传统,一时不容易改过来。美国小学一年级学生跟中国小学一年级学生不一样,中国学生比较听话,平均起来安静一些,美国的男孩子动来动去的,坐立不安。这是由整个社会的结构不一样、社会的价值观不一样形成的……我在美国教书多年,发现美国的小孩,无论是初中还是高中学生,这也喜欢弄,那也喜欢弄,好处是接触东西多,坏处是注意力常常不集中。中国相反,比较集中,比较安静,好处是能好好念书,坏处是不利于向各个方向发展。"

美国家长很注重孩子的社会教育。孩子很小的时候,家长就开始对孩子进行"吃饭教育"和"家务教育"。美国孩子吃饭的时候,家长从不管孩子吃什么菜,吃多少分量,即便弄得满脸满身,家长也不管。孩子在这样的环境下成长起来,懂得自己需要什么和不需要什么。

一般的美国孩子都要做家务。孩子在一周岁左右,家长就暗示孩子把脏的尿布扔到垃圾桶里。孩子能独立行走时,家长就让孩子倒垃圾、帮忙冲洗马桶、挂衣服、浇花、整理房间、洗碗盘……孩子到了18岁，就得自己挣钱解决生计问题。

总之，美国有其独特的一面，虽然美国教育算不上世界最好的教育，但有很多值得我们学习和借鉴的方面，将会对我们的教育产生积极的影响。

贴心提示：美国孩子每天都过儿童节

在美国，孩子们没有"六一国际儿童节"，但每天都是儿童节。

◆ 美国社会以法律形式保护儿童的合法权益，尊重孩子的天性。

◆ 美国孩子没有升学压力，不需要挑灯夜战。

◆ 学校活动多，常鼓励孩子参加社会实践活动，比如社会调查等。

◆ 美国家长比较开明，注重培养孩子的诚信、厚道、爱心和宽容。

第七章　他山之石，可以攻玉

把孩子培养成绅士

话说二战期间，德国军队轰炸伦敦，整个伦敦地区的居民并未因此而慌乱不堪。人们在逃避轰炸的时候，依然衣着整洁，神情镇定，仿佛战争离他们很远似的。男人们则保持绅士的风度，彬彬有礼地给妇女们让道。

英国的绅士教育开始于17世纪晚期，即便到了21世纪的今天，这一绅士传统依旧被英国人所重视。英国作家爱德华·伯曼在《像绅士一样生活》中说："沉默和平静构成了19世纪英国绅士的主要特征。今天我们仍然可以从一些褪色的照片上看到他们的形象：在荒凉的沙漠上，他们盘腿而坐，白色桌布上摆着简单的午餐，尽管炽热难耐，依然着装整齐，系着领带。"

英国大教育家洛克，也即"绅士教育"倡导者，他认为教育的最终目的是培养绅士："我觉得每个绅士（每个留心儿子教育的绅士），他为儿子所求的事情，除了留给他财产以外，都包括（我假定）在四件事情里面，就是德行、智慧、礼仪和学问。"可想而知，培养绅士并非一件简单的事情。

英国家长为了把孩子培养成绅士，不论贫穷和富裕，都会严格要求孩子。在英国家长看来，孩子是一个独立的个体，不是家庭的中心，更不是父母的附属品。绅士教育从教育孩子的独立开始。孩子在幼小的时候，父母很少怀抱孩子，让孩子自由爬行，随意玩耍。当孩子会行走以后，父母会让他们跟跟跄跄地跟在后头。如果孩子摔倒在地，父母也不会立即将孩子扶起来，而是鼓励和引导孩子自己站立起来。

孩子还很小的时候，就被父母送到单独的房间里睡眠。孩子还只有一周岁至一周岁半的时候，就开始自己独立进餐。父母会时常鼓励孩子吃各种食物，如果孩子偏食、挑食严重，父母便会把食物收起来，因为这样做能够避免孩子养成任性、自私等习性。如果孩子在用餐的时候，不小心将餐桌弄脏了，父母会令其自行清理。孩子到了两周岁的时候，父母开始教他们系统的用餐礼仪。五岁的时候，孩子就可以帮助父母摆放餐具和饭后收拾餐具等。这一套系统的就餐礼仪，培养了孩子的"绅士"风度。

独立进餐是一方面，英国家长还和学校亲密合作，联手培养孩子的独立性。英国的中小学有一门道德教育功课叫"个人的社会健康教育"，其核心内容是尊重生命、公平、诚实、守信。他们认为，道德教育不是灌输，而是要

> 我们一定要明白，不要要求别人跟我们一模一样。既是"别人"，就应该真的有"别"。我们应克制支配欲，别想用斧凿把人家雕琢成我们的样子。
> ——吴淡如

在实际生活中培养。

  普通的英国家庭大都有私家车，但家长基本上不送孩子上学，而是让他们走路、骑车、坐公交车等上学，风雨无阻。很多英国老牌的知名学校，其学习和生活条件异常艰苦，不仅伙食很差，而且缺少取暖设施，冬天要求孩子们洗冷水澡，不准盖过暖的被子，开着窗户睡眠……有一个故事说在一个寒冷的冬天，老绅士亲自用拐杖将孙子房间的玻璃窗打破，目的是让孙子经受寒风的考验。

  当读者朋友看到这里的时候，会不会觉得英国的教育太苛刻呢？其实不然，这样的教育反而更加有利孩子的成长，这样的教育也是英国绅士教育的传统，洛克说："要忍耐劳苦，不要娇生惯养。"这是英国人的普遍观念。

  如果孩子犯了严重的错误，英国家长可以体罚孩子，这是法律允许的。早在2007年的时候，英国政府一项新法律赋予学校老师有权利体罚学生。英国学校的体罚工具包括藤条和戒尺，在1987年和1998年，政府分别对公办学校和私立学校下了体罚禁令。

  诚然，英国家长对孩子的教育近乎严厉，但不专制，不强制培养孩子盲从，不将孩子变成懦夫。英国著名哲学家在斯宾塞《教育论》中说："野蛮产生野蛮，仁爱产生仁爱，这就是真理。待儿童没有同情，他们就变得没有同情；而以应有的友情对待他们就是一个培养他们友情的手段。"但英国学校的体罚有严格的规定，比如"绝对禁止在班上或众人面前施行体罚"、"用鞭子或皮带必须是经过认可的标准"、"施用打手心的体罚，每双手不得超过三下"、"女学生只限于打手心，而且只能由女教师来执行，如果鞭打男生臀部，不得超过六下"、"年龄在8岁以下的儿童禁止体罚"、"对患有生理或心理缺陷的学生，必须事先获得医护的许可"、"实习教师、代课教师、临时聘用教师等均不得施行体罚，至少具有三年以上教师资格者才能实行体罚"、"必须备有惩罚记录簿，列明体罚原因及处理过程，经过校长签署核准许可，并接受查验"。可以清晰地看出来，**英国学校的体罚也是以尊重孩子为基础，这样的体罚方式很值得我们借鉴。**

  无论何时何地，良好的教育方式都在造就人。很多英国家长为了孩子的成长，还不惜重金培养孩子的顽皮。家长们会利用周末时间，带孩子出去玩耍，比如生日派对、踢足球、游泳、郊外旅游等。他们很少将孩子留在家里看电视或上网，因为户外生活也是一种学习，培养的是孩子的自由天性和生活能力。

在英国，家校合作的另一方面便是有名的"家校协议"，要求家长为孩子的行为负责。孩子入学后，家长和学校要签订这一协议，要求每年签订一次，其内容包括学校办学宗旨和学校老师、家长、学生等职责，这对改善家长和老师之间的关系起到很重要的作用。如果家长不遵守协议，校长有权控告家长。当然，如果老师没有很好地履行职责，家长同样有权检举老师的行为。有些地区的家长还"暗中监视"孩子上课，用网络摄像机监督孩子的上课行为。

2006年圣诞节前夕，英国《每日邮报》报道说，一位小学老师告诉一群平均年龄只有9岁的孩子："只有小孩子才相信圣诞老人的存在……每年孩子们写给圣诞老人的信都由邮局回复。"孩子们听后，表示非常不理解，有的孩子哭着跑回家。很多家长认为老师的话破坏了孩子们心中对圣诞老人的美好期待，有一位学生家长说："为了保持圣诞老人在女儿心目中的地位，妻子和我做了许多努力，我们一直觉得让女儿和她4岁的妹妹相信圣诞老人的存在，为她们度过圣诞节增添了许多乐趣。"老师的行为很快遭到了家长的投诉，校长立即写信向所有家长道歉说："我有3个孩子，非常理解家长们的感受。我们决不希望剥夺孩子对圣诞节的热情和神秘感，这是非常严重的错误。"

相比之下，如果这件事发生在我们国家，大家的反应又会怎么样呢？我曾就这则新闻请教了几位家长，他们的孩子都在读小学，他们都认为这没什么大惊小怪，有两个家长还认为英国家长过于迂腐，居然把这样的小事情看得如此严重。我们的家长都很唯物主义，比如说鬼怪、神仙、上帝……我们大都会认为这些都是虚假不存在的。当孩子向我们询问世上有没有这些东西时，我们会觉得很不耐烦，随口说句话搪塞孩子。

其实，这样的做法很不好，是在敷衍孩子的问题，显示的是一种霸道，是对孩子的不负责任。可是，我们都已习以为常了，这就是危险所在。

英国的中小学校也有家长会，但他们的家长会是一对一的形式，时间控制在15分钟左右，老师和家长都不会揭孩子的短。

生活在英国的孩子应该是幸福的，因为那里传统的绅士教育。爱德华·伯曼

天才，就其本质而言，只不过是一种对事业、对工作过盛的热爱而已。——高尔基

说:"绅士精神应该包括骑士般的勇气、公共服务意识、永远不变的谦恭礼貌。"时代在变,不变的是英国的"绅士教育"传统,它将会继续延续下去。

贴心提示:英国的幸福课

大概从2006年开始,英国的中小学校开设了一门特殊的课程——幸福课。"幸福课"的基础是"积极心理学",即倡导积极情绪体验,培养好奇、乐观等积极人格特质。一些欧美国家都有类似的做法,比如美国哈佛大学开设的幸福课就很受学生欢迎。实践证明,很多人在关注和追求金钱、名誉、地位等东西的时候,却常常感受不到幸福,其中有些人还患上了精神疾病。开设幸福课的目的,即帮助孩子们感悟和捕捉身边的幸福,能够珍惜拥有的幸福。

参与开发编写幸福课教材的剑桥大学贝里斯博士说:"我们将让孩子们自己思考快乐和幸福的有益方式。任何人都可以弄到美酒香烟和令人狂喜的药片,但来自食物、酒精、药物和电视的快乐去之匆匆,最终让自己一日不如一日。我希望这些孩子认识到我们能够制造幸福,而不是消费幸福。让你感觉不错的东西,并非就是对你有益的。"在英国中小学,幸福课每周一节,由宗教老师教授。我们相信这样的课程,会给孩子的人生带来意想不到的快乐。

芬兰教育奇迹的密码

很早的时候，我就开始神往北欧的芬兰、丹麦、挪威、瑞典……因为这些国家不仅风光绮丽，而且人文环境良好，是理想的栖居之地。特别是芬兰在历史上创造了许多奇迹，我们平常用的诺基亚手机在世界上占据40%的市场份额，诞生了Linux的创始人李纳斯·托沃兹，芬兰的犯罪率一直极低……这一切都与教育相关，芬兰因此被誉为世界上教育最好的国家，连许多欧美老牌国家都在学习芬兰的教育模式。

芬兰在教育上的成功赢得了世界的尊敬，这背后的秘密与这个国家"教育立国"理念是分不开的。芬兰总统哈洛宁多次说过："我们认为，具备世界最强竞争力的秘诀，是教育。"在芬兰，孩子一出生，父母就能领到儿童福利基金、未成年生活补助、家长照顾孩子津贴等，其中有一部分是要求用于教育文化方面的，只能到与政府签约的书店、艺术馆等单位消费。有意思的是，政府将津贴发放给家长，是在鼓励家长照顾孩子，使家长有足够的经济实力为孩子创造良好的教育条件。

芬兰是一个书香浓厚的国家。据芬兰教育机构统计表明，芬兰国内的图书馆达1000多个，平均每250人拥有一个图书馆，平均每个家庭拥有500册儿童读物，平均每人每年借17本书，这样高的比例，怕是很难再找到第二个国家。除固定图书馆以外，芬兰还有流动图书馆，每周将图书送往偏远地区。由于各个图书馆形成巨大的网络，读者根本不用担心借不到书。

芬兰家长非常崇尚阅读，阅读成了他们休闲的主要方式。这一传统已有400多年的历史，相传400多年前，新人结婚前要先测试阅读能力，只有那些能阅读《圣经》的男女方可结婚。在芬兰，孩子直到7岁才正式入学。在这之前，父母可以将孩子送到学前班或照护中心，但孩子的教育主要由父母担负，培养孩子的阅读兴趣和能力。**孩子上学之后，家长会在每天下午三四点回家，检查孩子的作业，然后陪伴孩子读故事书，让孩子从小种下阅读的种子。**孩子每天的家庭作业便是至少半小时的阅读，不是看教科书，而是看课外书。

陈之华在《芬兰教育全球第一的秘密》中说："我一直很爱看孩子们沉溺于书海中，全神贯注地投入、汲取故事情节。我原来以为两个孩子只是随意

我认为，父母教育孩子正确的态度是关怀、帮助而不是包办，用鼓励来代替不必要的服务，使孩子尽快适应或恢复正常生活。——斯托夫人

看看，但日复一日，我听到她们兴高采烈对谈着书上读到的冒险、惊奇、开心、伤感……也听到她们告诉我说多么喜欢哪一位作家、哪几本书、哪一些故事情节的创意十足、哪几本经典已经被拍成电影……几十本书在她们的眼中，是一种透过阅读而自我满足的过程。"**我们常说，阅读使人文雅和聪慧，是世界上最美丽的姿态**。可惜这样的美丽风景只有在芬兰才能见到，我们很少能够在国内见到这番情景。

芬兰家长鼓励孩子自我成长。我举个最常见的例子，孩子之间打架的时候，家长不会去劝架，而是忙着自己的事情，因为他们相信孩子有办法解决矛盾。假如这样的事情发生在中国，家长将会急得像热锅上的蚂蚁，赶忙跑去劝架。现在想想，父母为孩子劝架，反而不利于孩子和同伴相处。

芬兰孩子的每天学习时间很短，主要以上午上课为主。寒暑假的时候，没有家庭作业，父母会指导孩子参加一些活动，比如游泳、旅游、滑雪、参观博物馆……家长也会鼓励孩子当小时工，按工作时间付费。这些活动既锻炼了孩子的身体，开阔了孩子的视野，也使孩子习得生活技能。相反，中国家长则不会那样做。在国内，孩子整天埋头苦读，孩子的周末、寒暑假都被安排得满满的，生怕孩子闲着出问题。

相对而言，一个在自由环境下成长起来的孩子更具有社会公共意识和责任感。比如近年来，芬兰保护儿童组织掀起了"学会拒绝"活动。这个活动的背景是芬兰孩子的饮酒、抽烟、吸毒等行为日益增多，而抵御这些行为的最好办法便是让孩子发自内心地去拒绝。

为此，儿童教育界还向家长发出了两大倡议，即"时间比马克更重要"和"管也是爱"。儿童教育界呼吁家长宁愿少挣些钱，也要多抽点时间陪伴孩子，更不能因为工作繁忙而放松对孩子的管教。当然，家长对孩子的管教不是将自己的意志强加于孩子，是与孩子一起协商定下一些生活规则，比如看电视的时间、阅读时间、户外玩耍时间等。

尽管芬兰十分重视孩子的教育，但他们看重的并不是孩子的学习成绩。家长和老师都是高素质的阅读者，社会对老师的要求极高，只有那些具备硕士学历、有强烈教育热忱和钻研精神的人才能进入教师队伍。

芬兰政府鼓励家长支持学校、帮助老师，不放弃每一个学生，并"因材施教"。芬兰的家长和老师对孩子的教育具有相同的认识，那就是培养孩子自觉学习的能力和寻找生活的热情。家长对老师非常信任，并一如既往支持老师的工作。在芬兰，教育的一个重要特点是平等，是世界上教育落差最小的国家。在家长和老师眼里，没有"优等生"和"差生"之分，孩子都是平等的，老师会照顾到每一个孩子的学习进度，会为每个孩子制订特殊的教学计划和学习方式。

芬兰老师认为，孩子学习有困难，那是老师的错。 有些孩子由于中途插班问题，学习跟不上进度，老师为了不让一个孩子掉队，于是就放慢学习进度，有时候还会让其他孩子跟着这个孩子重新学习旧的知识。在这种情况下，其他孩子的家长不但没有怨言，反而鼓励孩子宽容、帮助学习进度慢的孩子，让这个孩子能够在逆境中看到希望。如果孩子的学习一直跟不上进度，老师会专门为他制订教学计划，甚至会主动免费为孩子补课。假如这样的事情发生在国内，很多家长将会不耐烦地投诉老师，或直接让那个学习进度慢的孩子转班或转学。

在芬兰的中小学，每个班级人数一般不会超过20人，老师可以自由选择教科书和教学方式，不受政府干涉。台湾学者吴祥辉在《芬兰惊艳》中说："芬兰的教科书，从封面到内页的每一页，页页都是精品；文字和表格工工整整，配上生动彩色的精致插图，赏心悦目。这就是教育，每一本教科书都可以成为设计、美术和美学品味的初级教本。"

芬兰老师将工作定位为"服务"，孩子们自然是"客户"，即以最大的热情为孩子们服务。每个学期的前两周，是孩子们自由选择老师的时间，不需要注册学籍，只需要去听老师的课。两周后，孩子根据听课结果，选择自己喜爱的老师。在这样的学习过程中，孩子和老师的关系不再是长者和幼者的关系，而是亲密合作关系，一起探讨知识的奥妙。

芬兰前总理阿赫蒂萨里说："给孩子最好的教育，就是给他最好的人生。"正因为有这样的教育理念，造就了芬兰独特的教育奇迹。

要想别人快乐，自己先得快乐。要把阳光散布到别人的心里，先得自己心里有阳光。——罗曼·罗兰

贴心提示：芬兰孩子的自然学习方

　　学习不是芬兰孩子的包袱，而是一件快乐的事情。芬兰的老师认为，教育的目的是帮助孩子自立，孩子的自主学习比老师传授知识更重要。学校教育不主张竞争，不排名次，社会不助长攀比心理，使孩子们为完善自我而学习，这也是他们自主学习的重要诱因。

　　芬兰孩子可以完全按照自己的兴趣爱好选择课程，可以让兴趣成为永恒的学习动力。孩子基本上能够自主学习，因为每个孩子都在童年的时候打下了良好的阅读能力基础。老师几乎不批改作业，也不用家长监督孩子写作业，因为每个孩子都能自己对照答案。

像犹太人那样培养天才

众所周知,犹太民族闻名于世,有人将犹太民族称呼为"书的民族",这个颠沛流离、饱受灾难的民族向世界贡献了大量的优秀人才,如科学家爱因斯坦、心理学家弗洛伊德、文学家卡夫卡、政治家基辛格……

我在读高中的时候,就听说犹太家长为了培养孩子的阅读习惯,在《圣经》上撒满蜂蜜,让孩子去品尝书中的香甜。据说这种方法非常有效,让很多孩子从小就觉得书很甜很香。我不知道这个传闻的真假,但至少可以体现犹太人非常重视家庭教育。

在犹太家长看来,每个孩子都是上天的恩赐,都具备独特的个性、气质、才华等,比如具有经商才华的孩子,你不能强求他成为一个科学家。所以,犹太人同样不强迫自己成为优秀父母。

这一点刚好与中国父母相反,一些中国父母常常把自己当作全能者,按照自己的标准培养孩子。美国华人"虎妈"以严格的要求培养了哈佛孩子,但西方很多媒体认为"虎妈"只成功了50%,只能反映出家长对孩子前程的焦虑,孩子成了父母手上的制造品,而这中间极有可能抹杀孩子的独特个性。

犹太人认为,孩子学习越早越好。孩子很小的时候,父母会主动和孩子说话,播放音乐给孩子听,在家里布置十分精美的图画。我们别小看这些育儿细节,因为好的环境亦是一面镜子。

犹太人的幼儿教育从读经开始,以阅读和背诵《摩西五经》和《塔木德经》为主。孩子在5岁的时候,家长就要求他背诵厚厚的《摩西五经》。或许很多人都会感到困惑,为什么犹太人的教育要从读经开始呢?这是他们独特的教育方式,因为这些经文是犹太民族的最高智慧,有意识地让孩子背诵经文,能够为孩子打下良好的道德根底,即所谓的"智慧"。犹太科学家爱因斯坦早就有名言:"有一种超越一切的力量,支持着全宇宙的科学法则和自然界的运行变化,如果我们把这种力量称为上帝,那我就要向这位上帝低头。"另外,这一方式叫作"反复练习",不仅训练了孩子的记忆能力,而且培养了孩子的毅力。

当然,犹太人并不要求孩子盲从知识。在孩子4岁的时候,父母就教育他世上没有标准答案，鼓励孩子独立思考，他们也不把自己的想法或观念强加给孩子，这对孩子思维的成长非常有帮助，这也难怪有那么多犹太人成为了世界级的大人物。

犹太人非常注重家庭伦理。在犹太人看来，一个连父母都不尊重的孩子，将来很少会尊重身边的人。我们常说，大人和孩子要相互尊重，但这样的尊重有一定底线的，我们不能一味地让孩子霸道而将父母压在下面。对于一个尚未真正懂事的孩子来说，你跟他讲尊重，他根本不会将尊重当作一回事。

犹太人要求孩子遵守家庭伦理并非以强凌弱，而是建立在一定的规则上，尽可能减少对孩子的控制权。温迪·莫格尔在《放下孩子》一书中说道："犹太律法要求成年人为年长的父母提供饮食、衣物、住处和照料，就是说不要忽略或者遗弃父母。当孩子还小的时候，犹太律法指出他们应当：始终和颜悦色地和父母说话；别在他人面前顶撞父母；尊重父母和别人的隐私；不要占用父母的餐桌位子；尊重继父继母。"比如犹太家长为孩子准备了单独的房间，认为这是孩子的天地。孩子不能随意进入父母的房间，须敲门经过父母允许方可进入。

犹太人在吃饭的时候，非常注重餐桌文化，孩子在家中有固定的餐桌位置。假如家里来客人，孩子会很有礼貌地在门口迎接打招呼，陪同客人入内，并热情地为客人提供食物和饮料。如果孩子在谈论他人时，必会怀有敬意。可见，犹太人在家庭教育方面做得非常规范和细致。

犹太孩子在尊师方面如敬重上帝，教师重于父母。孩子们很敬重老师，保持这样的伦理关系对于知识学习很重要，但不会影响孩子和老师之间的同盟关系。可以说，孩子敬重老师但不将其奉为神明。老师依然鼓励孩子提问，正如犹太家长一样。诺贝尔奖获得者、美籍犹太人赫伯特·布朗说："我的祖父常告诉我，为什么今天与其他日子不同呢？他总是让我自己提出问题，自己找出理由，然后让我自己知道为什么。我的整个童年时代，父母都鼓励我提出疑问，从不教育我依靠信仰去接受一件事情，而是一切求之于理。我以为，这一点是犹太人的教育比其他人略胜一筹的地方。"

犹太人不主张过度地保护孩子。家长过度地保护孩子是源于某种焦虑和恐惧心理，一旦这种心理非常强烈，会演变为溺爱。但犹太人却不那样做，他们更愿意放下孩子，让孩子自由驰骋于天地间。

犹太人很早就告诉孩子要有危机意识。在《塔木德》中说:"有10个烦恼比仅有1个烦恼好得多。"有一个故事说,孩子在三四岁的时候,大人把孩子放在窗台上,让他往下跳,大人则在下面接着。直到孩子觉得安全,便鼓起勇气往下跳,而大人果真接住了孩子。有了一次成功之后,孩子对大人产生了信任,可当孩子第三次往下跳的时候,大人不接了,孩子摔在了地上。孩子在哭,大人会笑着说:"你凭什么认为我会每次都接着你呢?"

读者看到这里的时候,会不会觉得这一教育方式过于残忍呢?可能大家会认为孩子还小,本应该将世界美好的一面展现给孩子。"美好教育"固然重要,但让孩子从小拥有忧患意识则同样重要。所以,我们能理解为什么犹太民族在历次灾难中都能顽强地生存下来,而且做得非常出色。

从侧面来说,犹太人的这种教育方式更利于孩子的独立。孩子的零用钱不是父母直接给的,而是孩子通过劳动获得。因此,犹太人都很重视职业教育,《塔木德》上有句名言说:"凡不教育子女学习职业的人,便是教育子女从事盗窃。"这一提醒正好说明犹太人多么希望孩子能够独立生存于世。

犹太人对孩子的惩罚主要有这样三种方式:一是撤销物质性承诺,如收起孩子喜欢的玩具、不买原来答应买的玩具等;二是撤销活动承诺,如不带孩子玩,不给孩子讲原来答应讲的故事等;三是精神上的惩罚,如批评、斥责、情感上的冷落,也就是暂时"撤回"对孩子的爱等。

犹太人认为,人要有感恩之心。父母对孩子所做的是以实际行动让孩子体会感恩的重要性。话说二战期间,有不少犹太人躲避到上海,被上海人收留。二战结束之后,这些避难的犹太人开始感恩中国人,还将自己的故事说给儿孙听。我想,无论如何,一个懂得感恩的民族,是一个值得可敬可佩的民族。

实际上,犹太民族和中华民族有一些相似之处,我们不妨多了解其一些优点,学习他们的家庭教育思想,这对我们教育孩子有一定的参考价值。

人生的智慧就在于自觉限制对于外物的需要,过一种简朴的生活,以便不为物役,保持精神的自由。——周国平

贴心提示：犹太人的理财教育

犹太人并非天生就具备理财能力，而是从娃娃抓起。孩子在刚满周岁的时候，犹太人就送股票给孩子。等到孩子能够说话，父母让孩子辨认钱币。父母会带孩子去购物，让孩子明白钱的重要性。必要的时候，父母还会让孩子懂得钱的来之不易。

孩子稍大一点，父母教其"以钱换物"的思想，并会让孩子通过打工获得金钱。我举个简单的例子，孩子帮助家人打扫卫生、除草、跑腿、洗衣服等，都能获得相应的报酬，而这些报酬是不分年龄大小的，即一律同工同酬。

孩子到十多岁的时候，父母要他们执行开销计划，预算出每一笔开销的用途，目的是让孩子知道如何恰当地使用钱，不浪费钱。

长此以往，犹太孩子成了名副其实的"小管家"和"理财大师"。

给孩子完整的成长

很早的时候，我就听说德国的教育很有名气。历史上的德国出了不少名人，比如歌德、康德、黑格尔……德国人为世界科学、文化、经济等作出了许多贡献，德国的科研水平一直居于世界前列，这些都与德国的教育息息相关。

为了揭开德国教育的神秘面纱，我们先来看一则发生在中国课堂里的故事。据《宁波晚报》报道，2010年11月，德国施威尔特综合中学老师Kordel Gabriele女士带领学生在宁波的某中学学访问期间，上了一节"别开生面"的物理课。中国学生和24名德国学生一起上课，可这些德国学生根本没把老师上课当一回事，九成德国学生都在做自己的事情，听音乐的，看小说的，玩游戏的，吃薯片的，还有三名女同学竟然当着这么多听课老师的面，玩起了扑克。该中学的一位老师这样描述道："我们经常形容一堂烂课乱得像菜市场，而Kordel Gabriele执教的课，可能还不如菜市场。"

亲爱的读者朋友，假如您的孩子恰好在这样的环境里学习，您会怎么想呢？我想，大多数家长都不喜欢这样的学习环境，像Kordel Gabriele那样的老师不被家长轰下台就已经万幸了。可见，中德教育存在很大的差别。

了解过德国教育的人可能都知道，德国孩子的早期教育很有意思，既有公办幼儿园，也有私立幼儿园，而这些私立幼儿园居然是家长自己创办和参与管理。德国人的这一举动可追溯至20世纪70年代，那时很多德国人认为改革社会应始于幼儿园教育，于是家长开始逐渐创办幼儿园进行新的教育尝试。

这种幼儿园有点标新立异，家长们先确定比较理想（即最适合孩子成长）的教育理念，然后张榜寻找拥有此理念的家长，再由家长组成董事会，在社会上招聘遴选教师。孩子入园需要申请，经过董事会研究讨论才能正式入园，各地政府更明文规定，每班只容纳15个孩子，并由四五个老师负责教育。

幼儿园成立之后，董事会担负起亲师沟通的桥梁，定期召开家长会，商议各类大大小小的事务，举办各种联谊活动。有意思的是，家长之间还轮流整理草坪、打扫卫生、浇花、买菜……家长们在园里忙得不亦乐乎。

经过30多年的不懈努力，德国各地政府都非常支持这一举动，纷纷给予物质上的支持，不仅让出办学用地，给予财政拨款，还利用政府的力量帮助这些幼儿园印刷教学用书。这些都为私立幼儿园办学解决了后顾之忧，这也是德国私立幼儿园蓬勃发展的重要原因。

最重要的当然是这些私立幼儿园实施个性化教育了。**孩子入园学习之后，家长将和老师一起设计符合孩子成长的教学和活动**。他们从不让孩子过多地接受知识，而是让孩子学会玩耍，在游戏中发展体力、身体协调性、反应能力、注意力等，更是在嬉闹中树立自信，因为自信是孩子成长的希望，它比纯粹的知识更重要。比如，大人让孩子爬树，这在中国的幼儿园是非常不可思议的事情，但在德国幼儿园则是司空见惯的现象，因为爬树能锻炼孩子的胆魄，让孩子品尝到自信的美妙。

德国的许多幼儿园充满梦幻色彩，有些幼儿园直接在树林里举办毕业典礼，主角不是老师和家长，而是孩子，像一个大型的Party。孩子们在树林里自由奔跑、呼吸、庆祝、分享……这一典礼给孩子们留下了深刻的印象。

德国的中小学校开学典礼同样大放光彩。在每年的开学第一天，家长带孩子一起到学校或教堂参加开学典礼。这一天，孩子们穿上漂亮的衣服，聆听校长、神父的讲话，而老师、家长则会和孩子一起唱起熟悉的歌曲，是为了让孩子对学习产生美好的印象和期待之情。

孩子入学后，德国的学校有"家长之夜"。一般学校都会主动邀请家长参加"家长之夜"，家长们陆续走进孩子的班级，坐在自己孩子的座位上，聆听老师的报告，老师通常会及时告知家长学校的情况，包括学校的设施、规模、师资情况等。

在家里，父母非常重视孩子的独立性培养。在他们看来，孩子是一个独立的个体，是社会公民。所以，孩子很小的时候就拥有了独立的房间，与父母分房睡。父母要进入孩子的房间，还须经过孩子的同意。这都是尊重和保护个人权利的最好体现。

德国家长一般都不干涉孩子的学习和活动，他们认为这是孩子自己的事情。在德国，老师给孩子布置的作业是弹性的，孩子可以根据自己的学习程度选择一定的作业量，孩子的作业一周上交一次。这种弹性作业，最大的好处是在无形中培养了孩子的自我管理能力，使孩子意识到学习是自己的事情。诚然，能够自己独立学习的孩子，学习成绩自然不会很差。

在德国，老师通常不喜欢父母纠正孩子作业的错误，老师都会告诉家长：请你不要教孩子功课，不要帮孩子纠正错误。孩子的作业有错误是正常的现象，而老师最希望看到作业本里的错误痕迹，如此老师可以发现孩子的学习存在哪些问题。所以在德国，你可以做一个合格的家长，但请不要充当老师辅导孩子的功课。

当然，如果孩子比较特殊，比如存在智商问题、阅读障碍、书写障碍等情况，老师才允许家长辅导孩子功课。同时，老师会指导家长如何引导孩子完成作业，而不是手把手地教孩子完成作业。

德国孩子在家写作业有严格的时间限制，比如小学生不能超过40分钟。时间一到，家长便会让孩子收起作业，并会把完成不了的原因告诉老师。我们别小看这一规定，实际上是为孩子争取更多的生活时间，也使家长有更多的时间培养孩子的品格、兴趣和生存能力，而这也是老师所期待的教育方式。

对德国孩子来说，拥有休闲时间是一种常态。德国家长不会刻意把孩子送去学各种才艺，而是让他拥有更多的空余时间，孩子可以自由支配这些时间，自然会习得如何设计生活，主宰自己的人生。

人们不禁要问：德国孩子是如何支配这些"空白时间"的呢？对德国孩子来说，玩才是他们真正的课程，即便在学校学习，老师同样教孩子如何学会玩耍。因为在他们看来，生活即教育，最好的课堂不是在封闭的学校里，而是在大自然中，在生活中，学校永远没有边界。

德国的中小学只上半天课，下午都放假。家长为了让孩子生活充实，会让孩子学习音乐，去参加体育运动，去教堂参加活动或义务工作，意在培养孩子的爱心、耐心和奉献精神。相对学习而言，德国家长和老师更注重培养孩子的伦理道德，培养孩子诚实守信、宽容待人、善良等品质。**家长常常把"对不起"、"抱歉"、"谢谢"等词挂在嘴边，以榜样的力量影响了孩子的成长**。不少德国家长在孩子很小的时候，就让孩子喂养小狗、小猫等动物，培养孩子关爱善待弱小生命。相反，如果孩子虐待小动物，则会被大人严厉批评，甚至被惩罚。家长还鼓励孩子帮助同伴、亲人和老弱病残者。德国小学有一门特殊的课程叫"宗教与伦理"，是一种比较另类的品格教育。高年级的孩子，还会和老师一起反思德国的纳粹历史。这些都是活生生的品格教育。

勿以恶小而为之，勿以善小而不为。惟贤惟德，能服于人。——刘备

另一方面，家长和老师都非常重视孩子的动手能力培养。德国的中小学校一般都开设动手实践课，如织衣、缝补、木工、种植、打铁、钳工等课程。孩子可以在学校农场里种植蔬菜水果，亲自参加劳动和管理。

德国的小学学习时间非常短，只有四年。孩子小学毕业之后，面临升学问题，但他们没有升学考试，也没有重点学校，更没有择校现象，只有这样三类中学：高等中学、普通中学和纯职业中学。孩子的升学直接关系到他的未来，所以老师和父母都会在这个时候进行具体的沟通。老师会把孩子的学业情况、性格特征、行为方式、兴趣爱好、特长等分析给家长，并作升学推荐。至于孩子升到哪种类型的学校学习，最终由家长自行决定，也可以通过各种测试（主要是学习能力测试）综合考虑孩子的升学问题。至于孩子中学毕业之后，是否要继续深造，这是孩子自己的事情，德国家长一般都不干涉孩子的选择。

在德国有家长委员会，是家长联系老师的桥梁。比如孩子上学后，家长为了帮助孩子和老师建立信任关系，自己退居其次，而让孩子和老师在一起，让老师成为孩子的主要教育者。德国学校都会在新学期召开家长会，气氛非常活跃，老师会将学校课程安排、一些大型考试（如会考）的说明、家长委员会选举、活动事宜、圣诞节给老师送礼的讨论等告诉家长。至于家长委员会的选举，这是家长们自己的事情，所以老师从不干涉。

家长有权利监督老师的工作，如果发现老师不称职，家长会通过各种方式和老师取得联系，谈谈自己对老师的看法，老师当然也非常愿意接受这样的方式。例如2007年的时候，《羊城晚报》报道说有位德国家长写书抨击老师。家长翁弗尔察格特在接受英国《每日电讯》记者采访时说："我的4个孩子已经累计在柏林学校上了26年学，我的愤怒持续增长。老师的工作从不受控制，如果他们表现不好，没有什么惩处措施。老师不强调纪律，大多数都随心所欲，这非常不专业。"可想而知，德国家长十分重视老师的素质和工作态度。

总之，德国家长培养孩子的出发点是尊重孩子，没有超前"透支"孩子的能力，而是在尊重孩子成长规律的基础上，逐渐挖掘孩子的潜力，仅这一点就很值得我们学习。

第七章 他山之石，可以攻玉

贴心提示：德国小学生的中午时间

德国孩子进入小学学习后，意味着要靠自己独立生活，而老师则会抓住一切机会，鼓励孩子自主生活。

老师让孩子们独立进餐。他们有三个午餐时间，分别是中午12时、下午1时、下午2时，孩子们可以根据自己的情况选择时间段进餐，老师从不强迫孩子一定要在某个时间段进餐。如果孩子还不会吃饭，老师同样不会给孩子喂饭，而是鼓励孩子自己进餐，第一次不会，第二次肯定学会。

德国孩子也要午睡，但这是孩子的意愿。如果孩子不愿意午睡或睡不着，可以直接出去玩耍，或去听听音乐、看看书，但不可干扰其他孩子的午休。

可见，德国人对孩子相当宽容和自由，而这样的教育方式，的确培养了孩子的独立自主。

每人心中都应有两盏灯光，一盏是希望的灯光；一盏是勇气的灯光。有了这两盏灯光，我们就不怕海上的黑暗和风涛的险恶了。　　——罗兰

小测试：

你会和老师快乐沟通吗

> 请注意，下列所有问题均没有好坏或对错之分，请您以"最自然"的反应答题，填上"是"或"否"，而不是您认为"最好的"或"最适合的"。

1. 开学后，你是否会带孩子去学校见老师？（　　）
2. 你是否会主动向老师提供一些孩子信息（如性格、兴趣、在家表现等）？（　　）
3. 你是否会主动向老师请教一些教育问题？（　　）
4. 你是否能接纳老师的牢骚情绪？（　　）
5. 你是否帮助老师做过一些事情？（　　）
6. 你是否认同老师对孩子的体罚？（　　）
7. 与老师交流时，你是否很专注地倾听？（　　）
8. 如果你错怪了老师，你是否会向老师道歉？（　　）
9. 你是否很相信老师的能力（教学、管理能力等）？（　　）
10. 沟通结束的时候，你是否感激过老师？（　　）

说明：

　　以上10个问题中，如果你回答"是"的在7个以上，相信你和老师的沟通非常愉快。

　　如果你回答"是"的在4~6个之间，那你和老师的沟通似乎有点问题，请仔细反思一下自己的沟通行为。

　　如果你回答"是"的在3个以下，那你得花更多的时间，诚实地面对自己的问题：是缺乏和老师沟通的经验吗？是自己不想和老师沟通吗？还是觉得沟通不会有什么效果？

后 记

好沟通从尊重孩子开始

我与教育结缘,也许是一种命运的安排。几年前,我到宁波教书。刚进学校,有一个和我年纪相仿的老师曾这样提醒我:现在的家长不好惹。比我早一年进入中学教书的他,大概由于缺乏工作经验,他在学校遭到一些家长的投诉,家长们向校长反映他教导无方,导致孩子的学习成绩下降,有的家长要求校长更换老师,有的甚至还打电话恐吓老师。

大概因为这个原因,我对教书育人产生了恐惧心理。于是,我向远在北大的钱理群老师求救。钱老师很快给我回信道:"试想,如果连你这样有追求、有理想的老师都留不住,我们的孩子又该怎么办呢?当然,你也不能操之过急,只能从一点一滴的改革入手。也不要指望会有什么根本的大变化,只要有几个学生在你的启发下有所变化就够了。我现在无论讲多少也抱着这样的态度:能帮助一个算一个,能影响一个算一个。"钱老师的这一番期待,让我对未来有了更多的憧憬。

这些年来,因为经常和学生及家长打交道,有不少父母告诉我,现在的老师惹不起,只要孩子出现了不合乎学校教育规范(包括成绩不优秀)的事情,家长就很有可能被老师叫去训话。有不少父母,最怕接到老师的电话,因为在他们眼里,老师打电话过来,准没好事。

于是,一个关于家长与老师如何恰当沟通的问题,就一直盘绕在我的心里。作家温·卡维林说:"推心置腹的谈话就是心灵的展示。"有效的沟通应当消除偏见,以平等的姿态对话。我想起过往的一件事。那时,我读初二下学期。学校在修整操场,刚好缺小工,我的父亲赶去学校做小工。中午放学后,我像往常一样回家吃饭,可父亲还没到家。等我吃完饭在房间做作业时,父亲回来了。父亲吃饭的时候,跟母亲说起了校长找他谈话的事情。听得出来,父亲很伤心,因为校长对父亲说了气话,说我不好好读书,没希望考上重点高中。

我知道这么一件小事情,已经给我的父母增加了许多压力。我想告诉大家:**沟通彰显的是心灵的博大,而非身份的特殊**。任何一方都不能用趾高气扬的语气说话,因为这样不仅会造成沟通的不平等,而且会破坏沟通气氛,影响对方的情绪。

  家长和老师是因孩子而有缘走在一起，沟通的最终目的都是为了孩子快乐健康地成长。孩子由于缺乏生存经验，常常会出现各种不合乎大人意愿的想法和做法，孩子犯错更是常有的事情。在这种情况下，缺乏安全感的孩子，最需要父母和老师细致入微的关爱。家长和老师的一次有效沟通，则可以使孩子更有信心，重新燃起对生活的希望，对未来的期待。

  当然，沟通必定以尊重为前提，既要尊重沟通者，又要尊重孩子。家长和老师的沟通目的不是增加孩子的身心负担，而是让孩子像小鸟儿一样自由飞翔，快乐生活。**假如家长和老师的沟通仅仅为了强化孩子的学习生活，束缚孩子的自由，不管是多么崇高的沟通，终究是一种失败的沟通。**

  这本书得以出版，非常不容易，我得感谢我的父母和兄长。正值签订出版合同之际，我的外祖父驾鹤仙游，但愿他老人家在天堂衣食无忧，一片光明。我想，在往后的日子里，我一定要像他老人家一样行善积德。

  我要感谢那些关心和帮助我的前辈和朋友，感谢铁歌和狐狸等朋友在我找不到出路的时候，给予我无尽的激励和帮助，我也期待自己能够像他们那样帮助身边的人，用微薄之力温暖这世界。

  我要感谢与我结缘的父母们和孩子们，特别感谢林田一家、铭剑一家、鸿浩一家、萱萱一家、真一一家和佳婕一家，感谢大家的信任和热情帮助。

  我还要感谢家庭教育专家小巫女士，为此书写下了热情洋溢的序言。我要感谢钱理群、肖川、李镇西、李希贵和吴娟瑜五位老师为此书写了真挚的评论，特别是远在台湾的吴娟瑜女士，她热情地鼓励我继续写下去，影响更多的家长和孩子。我要感谢特约编辑肖如珍，为文稿的修改做了大量的工作，使本书更具亲和力，悄悄地走进读者的心灵。我要感谢商务印书馆的谢源虹编辑，若没有她的帮助、鼓励、关心和鞭策，我怕难有今天的成绩。

  一个人的力量终究微薄，我期待有更多的人成长起来，把关注教育当作一种生活常态，把传播有益的教育思想当作一种生活方式。在当下，我们所面对临的最大教育问题是教育的功利化和犬儒化。作为家长，培育一个有教养、有一技之长、能独立思考的孩子比什么都重要。

  此时，仿佛小孩子交了作业，正忐忑不安地等待老师的评语，我真心期待这本书能为读者带来些许帮助和温暖。